AF546486

Pfarl · Mayerhoffer

Rund um den Schafberg

Impressum

Bibliografische Information der Deutschen Nationalbibliothek
Die Deutsche Nationalbibliothek verzeichnet diese Publikation in der Deutschen Nationalbibliografie; detaillierte bibliografische Daten sind im Internet über http://dnb.d-nb.de abrufbar.

Lektorat: Markus Weiglein
Layout, Grafik und Produktion: Nadine Kaschnig-Löbel
Alle Fotos: Karin und Wolfgang Mayerhoffer, www.print-the-light.com
Druck: Florjančič tisk d.o.o.
gedruckt in der EU

ISBN 978-3-7025-1079-4

Die kurzen Routenbeschreibungen im Abschnitt „Leichte Wanderungen" wurden nach gründlicher Recherche und aktuellem Wissensstand (Frühjahr 2023) erstellt. Eine Haftung für die Richtigkeit der Angaben wird nicht übernommen. Die Verwendung der bereitgestellten Weghinweise erfolgt auf eigenes Risiko und auf eigene Gefahr.

Wir bemühen uns bei jedem unserer Bücher um eine ressourcenschonende Produktion. Alle unsere Titel werden in Österreich und seinen Nachbarländern gedruckt. Um umweltschädliche Verpackungen zu vermeiden, werden unsere Bücher nicht mehr einzeln in Folie eingeschweißt. Es ist uns ein Anliegen, einen nachhaltigen Beitrag zum Klima- und Umweltschutz zu leisten.

Pfarl · Mayerhoffer

Rund um den *Schafberg*

Natur und Kultur erleben

VERLAG ANTON PUSTET

Inhalt

Vorwort

Fotos:

S. 6/7: Ein Sonnenaufgang im Juni – am Gipfel des Schafberges ist es klirrend kalt, kein Wind ist zu spüren. Die Ruhe auf fast 1 800 Meter Höhe mutet unheimlich an. Um 04:45 Uhr steigt die Sonne langsam über den Horizont und malt mit warmen Farben zarte Lichtstreifen über das in Dunst gebettete Höllengebirge.

vorangehende Doppelseite links: Zahlreiche kleine Kiesbuchten am Südufer des Wolfgangsees laden zu einem Spaziergang ein. Vis-à-vis, dem Schafberg zu Füßen, liegt das malerische St. Wolfgang mit seinem markanten Kirchturm. Der Sonnenuntergang über St. Gilgen sorgt bei bewölktem Himmel für ein zartes, stimmiges Farbenspiel.

vorangehende Doppelseite rechts: Die spektakulären Felswände der Spinnerin (Nebengipfel des Schafberges). Kein Kreuz markiert den höchsten Punkt, nur eine kleine Madonnenstatue erinnert an die zahlreichen Absturzopfer: Der Aufstieg ist nichts für leicht beschuhte, bergunerfahrene Touristen, auch wenn die optische Verlockung, den markanten Fels zu bezwingen, noch so unwiderstehlich scheint.

Spricht man vom Schafberg, dann denkt man zumeist an die Zahnradbahn, die von St. Wolfgang in abwechslungsreicher, behaglicher Fahrt empor auf die aussichtsreiche Höhe führt. Der Wolfgangsee und das „Weiße Rössl“ kommen einem da in den Sinn, also die Südflanke des Berges. Der Schafberg ist aber nicht nur in diesem Bereich schön und interessant. Da er weitgehend isoliert dasteht und kein Teil einer Bergkette oder eines Gebirgsmassivs ist, fallen seine Hänge nach allen Seiten ab: teils als gewaltige Felsen, teils als sanftere Bergmatten. Man kann ihn mit Gewinn umrunden und wird immer neue Eindrücke sammeln. Nicht nur am Wolfgangsee liegen bemerkenswerte Plätze, reich an Erinnerungen und grandioser Natur, auch auf den anderen Seiten des Berges, am Mondsee und am Attersee, findet man allenthalben Orte, an denen sich Landschaft, Kunst und Kultur vereinen zu einer Harmonie, wie sie eben dem Salzkammergut in reichem Maß zu eigen ist. Selbst die eher siedlungsleeren Gegenden östlich und westlich des Berges gewähren überraschende und außergewöhnliche Einblicke.

Von alldem handelt dieses Buch. Es soll die einzigartige Vielfalt, welche der Schafberg und sein Umkreis bieten, zusammenfassen und vorstellen. Es finden sich religiöse Stätten von weitreichender Strahlkraft, Örtlichkeiten, an denen sich das Künstlertum wohlfühlte und nicht nur bedeutsame Werke, sondern auch vielfältige Anekdoten hinterließ, prähistorische Relikte im See, prächtige barocke Kunstwerke – und schließlich das Treiben eines höchst professionellen Tourismus, in dem doch das Volkstum nicht untergeht.

Im Vordergrund steht natürlich die Landschaft. Sie wird durch die großartigen Bilder von Karin und Wolfgang Mayerhoffer nahegebracht. Der Text bemüht sich, die vielfältigen Facetten des Schafberges darzustellen, wobei manches Unbekannte zutage kommt, während etliches allzu Bekannte weniger beachtet wurde. Möge dieses Buch dazu beitragen, das Interesse an dieser einzigartigen Landschaft zu vertiefen und ihr neue Freunde zuzuführen.

Der
Schafberg

Fotos:

S. 13: Dem Schafberg malerisch zu Füßen liegt am Nordwestende des Wolfgangsees, gut versteckt in einer kleinen Bucht, ein idyllischer Weiler. Es ist der Brunnwinkl mit seinen fünf alten, denkmalgeschützten Gebäuden, ein Ortsteil von St. Gilgen. Ein wenig scheint es, als sei hinter den alten Mauern, umgeben von liebevoll gestalteten Hausgärten, die Zeit stehen geblieben. Großer Dank gebührt jenen Vorausschauenden, die hier zu Beginn des 20. Jahrhunderts die Errichtung einer Straße verhindert haben.

vorangehende Doppelseite: Blick vom Schafberggipfel auf das nördliche Salzkammergut. Bald nach Sonnenaufgang wird auch die markante Felswand der Spinnerin vom Morgenlicht erfasst. Tief unten glitzert der Attersee.

links: Bei dramatischer Wetterstimmung mit dunklem Himmel und Nebel im Tal präsentiert sich der Blick von der Schafbergalm nach Südwesten Richtung Faistenau gleich einem wogenden Meer.

rechts: Blick von der Schafbergalm Richtung Süden, hinweg über den Wolfgangsee. Gestaffelt dahinter die Gipfel von Sparber, Rinnkogel – und schließlich die unverkennbare Silhouette des Dachsteins.

GASTHOF SCHAFBERG-ALPE
VORM. ASCHINGER ZUR GOLDENEN HANDHAB
BESITZ PÖLLER-RATZ
MIT HERZ UND HAND FÜRS ALPENLAND

Fotos:

vorangehende Doppelseite links: Mit gleichmäßigem Rumpeln schiebt sich die Schafbergbahn nach oben. Um die 1 190 Höhenmeter zu überwinden, braucht die Bahn etwa 35 Minuten. Dem Fahrgast bleibt viel Zeit, die fast sechs Kilometer lange, kühne Trassenführung durch das abwechslungsreiche Gelände zu bestaunen und die Fahrt in aller Ruhe zu genießen.

vorangehende Doppelseite rechts: Früher konnten sich hier viele Wanderer für den letzten Anstieg im offenen Gelände stärken, sind doch noch 400 Höhenmeter bis zum Gipfel zu bewältigen. Rechts oben ist in luftiger Höhe das Berghotel auszumachen. Heute ist die Gaststube auf der Schafbergalm verwaist und wartet auf einen neuen Pächter.

links: Blick von oben auf die Schafbergalm.

rechts: Hütten der Schafbergalm, dahinter die Station der Zahnradbahn. Deutlich zu sehen ist die Trasse, die in steter Steigung den charakteristischen langen Südhang des Berges nach oben führt. Verhüllt in Nebelfetzen ist der Dachgiebel des Schafberghotels zu erkennen.

nachfolgende Doppelseite: Ein kalter Oktobertag, sehr zeitig in der Früh; erste Sonnenstrahlen durchbrechen bereits die Wolken. Die Reflexionen in Orange und Rosa verleihen der Szenerie rund um den Wolfgangsee ein unwirkliches Farbenkleid.

„Niemand soll es versäumen, diese herrlichste Zinne der Alpen zu besteigen", schwärmte 1846 der Verfasser eines Reiseführers vom Schafberg. Und ein anderer meinte 1853: „Der Schafberg bietet wohl die schönste Aussicht in den deutschen Alpen." So und ähnlich rühmten unzählige Schriftsteller den berühmten Berg mit seinem grandiosen Panorama. Prosaisch ist eigentlich nur sein recht simpler Name. In den Beschreibungen aus dem 19. Jahrhundert schlug man daher die Bezeichnung „Schauberg" für ihn vor – nach dem weiten Blick von seiner Höhe –, man soll ihn aber auch „Teufelsabbiss" genannt haben, denn der Teufel habe der Sage nach vom Salzburger Untersberg ein Stück herausgebrochen und hierher versetzt. Bereits in einer Urkunde aus dem Jahr 841 wurde er „skefesperc" genannt, was schon so viel wie „Schafberg" heißt und darauf hindeutet, dass man ihn schon damals als Weide nutzte. Die auf den Berg hinaufführende Bahn heißt denn auch nicht „Schaubergbahn" oder „Teufelsabbissbahn", sondern schlicht und einfach „Schafbergbahn".

Was an ihm am meisten auffällt, ist seine eigentümliche Form. Gegen Norden, vom Wolfgangsee her, steigt er allmählich an, durchsetzt von Wäldern, Felspartien und Almwiesen. Dann aber, an seinem Gipfel, bricht er ganz plötzlich und ohne jeden Übergang in einer gewaltigen senkrechten Wand ab, sodass er von der Ferne gesehen einem Horn gleicht oder einem hochaufragenden Dreieck, das man in der Mitte zerschnitten hat. Die Geologen erklären diese Formation mit der Bewegung der Gesteinsschichten, die sich vor unendlich langen Zeiträumen von Süden nach Norden schoben und sich hier übereinanderstapelten. Es sind komplizierte Vorgänge, welche die Forschung bis heute beschäftigen. Immerhin bezeichnete einer der führenden Geologen Österreichs, Benno Plöchinger, das Schafberggebiet als „einen der interessantesten Teile der Nördlichen Kalkalpen".

Für die frühen Siedler, die sich am Ufer des Mondsees niederließen, die sogenannten Pfahlbauer, war die gewaltige Felswand, die sich vor ihren Augen auftürmte, eher eine Bedrohung. Tatsächlich wurde schon behauptet, ihre Niederlassungen seien durch einen gewaltigen Felssturz und die darauffolgende „Tsunami-Flutwelle" des Sees für immer zerstört worden. Immerhin streiften auch sie bereits auf den Höhen des Schafberges herum, denn wie wären sonst eine Lanzenspitze aus Bronze und eine steinerne Axt, die man in der Nähe des Mönichsees fand, dort hinaufgelangt? Ob ihre Besitzer ums Leben gekommen sind oder ob ihnen ein Malheur zugestoßen ist, das zum Verlust der Gegenstände führte, werden wir freilich nie erfahren.

Im frühen Mittelalter waren allenthalben schon Siedlungen angelegt, Hoheitsrechte bestanden – und da der Schafberg mittendrin lag, gewann die Frage an Bedeutung, wem er denn nun wirklich zugehöre. Die höchsten Autoritäten, Herzöge und Könige, hatten das Gebiet nacheinander erst dem einen, dann dem anderen örtlichen Machthaber zugesprochen; das Erzbistum Salzburg und das Kloster Mondsee beriefen sich jeweils auf Urkunden höchster Instanzen. Niemand wusste angesichts solcher Widersprüche recht Bescheid, bis im Jahr 843 eine Kommission aus „vornehmen und glaubwürdigen Männern" unter dem Vorsitz des Erzbischofs zusammentrat, welche feststellte, die Grenze ziehe im fraglichen Bereich „über die Spitze des Berges, den man gemeiniglich Schafberg nennt". Trotzdem behaupteten die Salzburger im Lauf der folgenden Jahrhunderte in ihren Grenzbeschreibungen, der ganze Berg einschließlich des gesamten Gipfelbereichs gehöre ihnen allein, was wiederum die St. Wolfganger dermaßen aufregte, dass einige Patrioten im Jahr 1565 auf dem höchsten Punkt des Berges ein Fähnlein mit den österreichischen Hoheitszeichen aufpflanzten. Als man das dem Pfleger von Salzburg zutrug, beeilte er sich, auf den Berg zu steigen, entfernte das Fähnlein, weil man es „wegen der Schmelerung des Fürstenthumbs" nicht dulden konnte, und brachte an seiner Stelle eine Salzburger Fahne an. Dabei ließ man es in den folgenden Zeiten bewenden, sodass die Schafbergbahn heute nach wenigen Metern Fahrt von Oberösterreich in das Bundesland Salzburg wechselt und es bis hinauf zur Bergstation nicht mehr verlässt.

Im 19. Jahrhundert stand nicht mehr die Frage der Hoheitsgebiete im Vordergrund, sondern die touristische Bedeutung des Berges. Bereits 1809 empfahl der erste Reisende, der eine Fahrt durch das Salzkammergut beschrieb, Joseph August Schultes, dringend eine „Excursion“ auf den Gipfel, ebenso 1832 Johann Steiner, der allerdings noch schreibt, man steige auf „wenig begangenem Pfade“ hinauf, was etwas verwundert, denn schon damals erklommen viele Menschen den Berg, darunter etwa 1833 die etwas extravagante deutsch-französische Schriftstellerin Helmina Freifrau von Chézy, die feststellte, der Berg sei „bequem zu besteigen“ und wer dort oben zwei Tage verweile, werde diese zu den schönsten seines Lebens rechnen. Und sie wartete mit einer Sensationsmeldung auf, die den Ruhm des Schafberges für lange Zeit bestimmte: „Unser Führer versicherte uns, daß man bei ganz reiner, heiterer Witterung selbst die Thürme der Münchner Frauenkirche erkennen könne.“ Bei dieser Behauptung blieben auch weitere Bewunderer der Schafbergaussicht, ja sie rückten den Horizont in noch weitere Ferne. So heißt es bei Franz Wirer *(Ischl und seine Heilanstalten)* 1842: „Man sieht Baierns und Oesterreichs Saatgefilde, ja, bei vollkommenen reinen Himmel die Thürme Münchens und Regensburgs“, worauf die *Illustrierte Zeitung* im Jahr 1845 noch eins draufsetzte und schrieb: „Man erblickt ihn [Anm.: den Schafberg] auf der Regensburger Steinernen Brücke.“ Der mit den örtlichen Gepflogenheiten vertraute Mondseer Apotheker Rudolph Hinterhuber fand eine nüchterne Erklärung für diese Fantastereien, wenn er die Besteiger des Schafberges vor einer bestimmten Sorte von Einheimischen warnte: „Vorzüglich aber hüte man sich, selben in Betreff von Benennungen umliegender Berge, vorzüglich der weiter entfernten, unbedingten Glauben zu schenken, denn ich selbst war mehr als einmal Zeuge, wie sie den mit der Gegend nicht vertrauten Fremden auf die unverschämteste Art zu täuschen sich nicht entblöden, … während sie durch diese scheinbare Dienstfertigkeit die Börse des Fremden zu einem besonderen Trinkgeld in Anspruch nehmen.“

Die einheimischen Älpler kommen in diesen frühen Berichten generell nicht so gut weg. Lapidar wird bei Wirer im Jahr 1826 eine hiesige Alm folgendermaßen beschrieben: „Höchst unrein war die ärmliche Hütte, die Dirne trotzig und uns in ihrem derben Dialecte unverständlich“. Im *Salzburger Intelligenzblatt* berichtet ein Journalist im Jahr 1801 von der Schafbergalm: „Die Hütten sind von unfreundlichen Leuten bewohnt. Man schloss dieselben vor uns zu. Auf unsere guten Worte erfolgte nicht einmal eine Antwort.“ Und im Jahr 1841 klagte ein Besucher im *Museal-Blatt* über hohe Preise und meinte, die wohlhabenden Ischler Badegäste hätten „die Sendinnen durch Überzahlung verwöhnt“, was die vielen Unbemittelten zu büßen hätten: „Das sind Wohltaten ohne Segen!“

Besonders putzig ist zu lesen, was eine gewisse Auguste Krus in ihrem Reisebericht 1856 schreibt. Sie ergeht sich in der Vorstellung von der Sennerin als einer Tochter des Volkes, „süße, heitere Natur in ihrer reizendsten Hülle“. Es erschien aber ein mageres, unschönes Mädchen in einem wollenen Kleid von dunkler, zweifelhafter Farbe. „Der Sinn für Reinlichkeit“, vermerkt sie, „fehlte dem Mägdlein nicht ganz. Sie fuhr mit Glas und Teller in eine dicke Flüssigkeit von dunkler namenloser Farbe, die ein großes, rundes Fass füllte und einmal rein gewesen sein mochte.“ Und zum Schluss heißt es: „Das harmlose Kind ließ sich auch nur wenig über das Doppelte des gewöhnlichen irdischen Preises bezahlen.“

Es wäre aber unfair, wollte man nur die negativen Bemerkungen aus jener Zeit wiedergeben, wo doch selbst Helmina von Chézy die Bewohner als „herzig, treu und frisch“ qualifizierte. Zudem stand immer das gewaltige Erlebnis des Berges im Vordergrund, über das sich die Berichterstatter, besonders wenn sie einen schönen Sonnenauf- oder -untergang erlebten, vor Begeisterung überschlugen. Eine Kostprobe: „Das Purpurroth der Morgenröthe wird gerade von dem majestätisch heraufsteigenden Sonnenball in blitzendes Gold verwandelt. Der ganze Mensch ist in einer weihevollen Stimmung, wie sie nur selten sein Inneres durchzieht. Er ist allein und schwelgt in diesen Gedanken“ (*Bürgerblatt für Verstand, Herz und gute Laune* vom 26. Juni 1855). Man staunt, wenn man hört, dass etwa im Jahr 1871 der Schafberg von achttausend Touristen bestiegen wurde, denn damals gab es keine Aufstiegshilfen – abgesehen von den Maultieren und den Sesseln, mit welchen fußfaule Gäste hinaufgetragen wurden. Immerhin bezwang im Jahre 1876 der 74-jährige Erzherzog Franz Karl, der Vater des Kaisers Franz Joseph, den Berg und war, wie das *Salzburger Volksblatt* notierte, „ungemein frisch und munter“. Dass seine sportliche Schwiegertochter Kaiserin Elisabeth mit ihrer Tochter Valerie im Jahre 1884 hinaufkam, verwundert weniger, sondern eher, dass sie erst um 22 Uhr in St. Wolfgang aufbrach, um zwei Uhr oben war, dort einen Imbiss zu sich nahm und um halb sechs mit dem Abstieg begann.

Dass solche Frequenz es nahelegte, oben eine Unterkunft anzulegen, verwundert nicht. Bereits 1836 errichteten daher die Bauern der Schafbergalm eine primitive Herberge unterhalb des Gipfels, ungefähr dort, wo sich heute der Bergbahnhof befindet. Der Mondseer Apotheker Hinterhuber bezeichnete sie 1839 als „ein sehr bequemes, gut gezimmertes Haus“ und berichtet, als Betten stünden „freilich nur Strohsäcke und wollene Decken“ zur Verfügung, jedoch „nach einer 3 bis 4 stündigen Anstrengung des Aufstieges schläft es sich ganz köstlich darin“. Es wurden auch Erfrischungen „wie Bier, Wein, dann Kaffee und The“ angeboten und es war zudem „für den gesorgt, der sich mit einem Alpenmus [Anm.: Alpenschmarren] oder mit Kartoffel in der Schale und frischer Butter mit frischem Wasser und schmackhaftem Brot begnügte“. 1862 entschloss sich Wolfgang Grömmer, Gastwirt in St. Wolfgang, ein Hotel zu erbauen, das erste Berghotel Österreichs! Im Inneren gab es neben 26 „comfortabel eingerichteten Fremdenzimmern“ sogar einen Salon, und im Winter waren zwei Männer stationiert, die das Haus zu hüten hatten „gegen Beschädigungen, die aus Mutwillen oder Neid hervorgehen“. Der bayerische Reiseschriftsteller Heinrich Noë hat sie im Winter 1867 besucht und berichtet: „Sie führen ein hartes und trübseliges Leben. Erkranken dürfen sie nicht, denn es kann die Unmöglichkeit eintreten, über die Schneewehen und Glatteishänge hinweg Hilfe zu suchen oder zu bringen.“ Zur Verbindung mit dem Tal wurde eine Signalstange mit zwei eisernen Armen aufgestellt. „Solange die zwei Arme herabhängen, sagte Hans, solange weiß unser Herr in St. Wolfgang, dass uns nichts fehlt. Recken sie sich aber in die Höhe, so bitten wir um Hilfe, denn dann geht’s uns schlecht.“ Dass es bei solch primitiver Verständigung zu Missverständnissen kommen konnte, ist klar. Einmal herrschte im Tal helle Aufregung, weil man ein Notsignal vermutete, aber angeblich sich niemand bequemte, aufzusteigen. Als es endlich so weit war und sich die vermeintlichen Retter durch meterhohen Schnee emporgekämpft hatten, stellte sich heraus, dass sich alles in Ordnung befand.

Im Sommer war die Frequenz freilich so groß, dass man sich bei Herrn Grömmer, „einem nichts weniger als freundlichen Wirthe“, wie der kritische Berliner Autor Gustav Rasch 1861 bemerkte, „einen Garantieschein“ für einen Ruheplatz geben lassen musste. War man damit ausgestattet, so bestand trotzdem keine Garantie für ein Nachtlager: Denn wenn nachher noch verspätete Damen ohne einen solchen Schein auftauchten, gebot es „das Gesetz der Galanterie“, dass ihnen die Herren ihre Betten abtreten mussten, was Rasch verärgert feststellte.

Allmählich drängte die Öffentlichkeit, auf den so stark besuchten Berg eine Bahn zu bauen. Das *Ischler Wochenblatt* vom 15. April 1877 schreibt leicht untertreibend, Österreichs Berge, die denen der Schweiz an Romantik und pittoresker Schönheit nichts nachgeben würden, seien nahezu vereinsamt, „während den Schweizern von tausenden und abermals tausenden Fremden Geld in großer Menge zugeführt wird!" Der Schafberg müsse mühsam erstiegen werden, auf den Rigi transportiere hingegen die Bahn 54 000 Personen in einem Jahr. Ein reelles Geschäft sei zu erwarten, außerdem handle es sich um eine patriotische Tat! Sogleich nahm sich der umtriebige Begründer und Betreiber der Dampfschifffahrt auf dem Wolfgangsee, Berthold Curant, der Sache an und reichte ein Projekt für eine „Locomotiv-Eisenbahn mit Zahnradbetrieb" beim k. k. Handelsministerium ein, für das ihm eine Vorkonzession erteilt wurde. Die große Wirtschaftskrise des Jahres 1873 machte jedoch das Unternehmen zunichte.

In den folgenden Jahren wurden wiederholt neue Pläne gewälzt, es lebte aber auch der uralte Streit zwischen St. Gilgen und St. Wolfgang wieder auf. Die einen wollten unbedingt, dass die Talstation in Aich – also auf St. Gilgener Gemeindegebiet – angelegt werde, die anderen verlangten, die Bahn müsse selbstverständlich in St. Wolfgang ihren Ausgang nehmen. Letztere hatten das Argument für sich, dass dieser Startpunkt für das Ischler Badepublikum leichter erreichbar sei, mit dem sie sich schließlich auch durchsetzten. Trotzdem kam es darüber, wie das *Linzer Volksblatt* vom 18. Dezember 1889 vermeldete, „zu scharfen Controversen". Im Jahre 1887 tauchte dann ein 27-jähriger „Bau- und Maschinen Constructeur" namens Heinrich Waegner auf, der in der Taborstraße im zweiten Wiener Gemeindebezirk ein Geschäft für Eisenbahnanlagen betrieb und dort die von ihm fabrizierten Erfindungen wie Ventilatoren und Pumpen zum Kauf anbot. Neben anderen Projekten legte er den Plan für eine Adhäsions-Zahnradbahn auf den Schafberg vor. Er erhielt die Konzession zur Einleitung von Vorarbeiten, begann Grundstücke einzulösen und „verwüstete" das vorgesehene Terrain. Es erfolgten Anzeigen, auch deswegen, weil er sein Personal nicht bezahlte und man Arbeiter-Krawalle befürchtete. Bei Gericht fiel Waegner durch nervöses, exaltiertes Benehmen auf, schließlich wurde eine Geisteskrankheit konstatiert und der junge Mann aus dem Verkehr gezogen. Die 74 000 Gulden, welche St. Wolfganger Geschäftsleute für seine Projekte gezeichnet und hoffentlich nicht bezahlt hatten, dürften sich kaum rentiert haben.

Nun nahm die Firma Stern & Hafferl die Sache in die Hand und begann im April 1892 zügig mit dem Bau. 350 meist italienische Arbeiter kamen zum Einsatz, die von über hundert Maultieren mit Proviant, Material und Sonstigem versorgt wurden. Mehrmals musste die 5,8 Kilometer lange Trasse hohlwegartig durch Felseinschnitte geführt werden, zwei Tunnels mussten durchbrochen werden, dazu kamen zwei Bahnhöfe, Werkstättengebäude und eine Wagenhalle. Obwohl während der strengen Winterzeit die Arbeit ruhte, war das Werk inklusive der Hochbauten in unglaublichen vierzehn Monaten vollendet, sodass man dem Organisationstalent der Bauleiter wie dem Fleiß der Arbeiter höchste Anerkennung zusprechen muss. „Ein wahrer Triumph der modernen Eisenbahntechnik", jubelte mit Recht die damalige Presse, und nur die *Mühlviertler Nachrichten* maulten: „Wozu auch eigentlich z.B. eine Eisenbahn auf den Schafberg? Wie kommt der Gewerbsmann und der Bauer des Mühlviertels dazu, sein Geld für eine Eisenbahn auf den Schafberg und dergl. hinauszuwerfen? Damit da im Sommer ein paar verrückte Kerls weniger das Genick brechen." Wenig erbaulich war ein Zwischenfall, der sich gleich am zweiten Betriebstag, dem 2. August 1893, ereignete. Bei der Talfahrt havarierte eine Lok und konnte nicht mehr weiterfahren. Der Zug musste evakuiert werden und die Passagiere mussten zu Fuß absteigen, was besonders „unter den Damen große Aufregung bewirkte". Zur Ehre der Bahn ist aber zu sagen, dass in den fast hundertdreißig Jahren ihres Bestehens derartige Zwischenfälle kaum mehr vorkamen und man besonders von gröberen Unfällen verschont blieb.

Schon zur Zeit der Fertigstellung der Schafbergbahn ging der Hotelier Paul Peter daran, neben der Talstation ein Hotel zu errichten, das als Treffpunkt der eleganten Gästeschicht des Ortes den stolzen Namen „Grand Hotel" führte. Für dieses Haus und für das Hotel auf der Schafbergspitze ließ man sich etwas Besonderes einfallen: 1894 wurde nahe der Bahntrasse beim Dittelbach ein Elektrizitätswerk gebaut und eine Leitung auf den Berggipfel verlegt, sodass, wie Friedrich Barth im St. Wolfganger Heimatbuch schreibt, „schon am Abend des 12. August 1894 das Schafberghotel im Glanze des elektrischen Lichtes erstrahlte". Die übrige Bevölkerung des Ortes musste noch ein paar Jahre auf die Segnungen der Elektrizität verzichten, dafür ging man sogleich daran, die sogenannte Wetterlochhöhle zu beleuchten.

Diesen unterirdischen Raum hielt man damals für eine weitere Attraktion des spektakulären Berges. Bereits 1864 war der unternehmungslustige Hotelier Grömmer mit einigen „beherzten Männern" eingestiegen, am 14. Oktober 1893 wiederholte er das Abenteuer, diesmal mit Franz Hafferl von der schon erwähnten Firma Stern & Hafferl und zehn Arbeitern. Alle waren von der 28 Meter tiefen Grotte so angetan, dass man beschloss, sie „dem Publikum bequem zugänglich zu machen". Schon zwei Jahre später war sie voll erschlossen. Tief beeindruckt, vor allem von der elektrischen Beleuchtung, berichtete 1896 der Landschaftsmaler Robert Assmus in der Zeitschrift *Gartenlaube*: „Wir betreten die große Steingrotte mit mächtigem, domartigem Aufbau … Überwältigend ist auch hier die Wirkung des elektrischen Lichtes zweier Bogenlampen. Seitwärts von der Grotte fällt der Pauznerschacht, auch Teufelshöhle genannt, jäh ab. In angemessener Entfernung blickt man beim grellen Lichte einer unten hängenden Bogenlampe in den schauerlich tiefen, endlosen Felsschlund hinunter." Beim Höhlenportal wurde sogar eine Station der Schafbergbahn angelegt, doch hatte man das Interesse des Publikums überschätzt, sie wurde nach wenigen Jahren geschlossen. Heute ist das Wetterloch nur mehr unter Schwierigkeiten zu begehen, eine zweite Höhle, das Adlerloch, nur mehr von sehr Wagemutigen. Dabei wäre diese noch attraktiver, denn es öffnet sich unterirdisch in ihrem Inneren ein Loch, das den Blick zum Attersee freigibt.

Am 30. September 1906, dem letzten Betriebstag dieses Jahres, brannte das Schafberghotel ab – „durch Kurzschluss elektrischer Leitungen", wie es hieß. Feueralarm hatte es auf dem Schafberg zuvor schon oft gegeben, meist war indes ein Blitz die Ursache gewesen. So schlug er am 9. September 1870 derart wuchtig ein, dass der ganze Vorrat an Geschirr und anderen Einrichtungsgegenständen kaputtging. Neun Maulesel wurden getötet. Einem Touristen zerschmolzen Uhr und Kette, seine Stiefel wurden durchlöchert. Weit gravierender waren die Auswirkungen eines Brandes, der im Sommer 1947 durch Funkenflug eines bergwärts fahrenden Zuges ausgelöst wurde. Bei der Bekämpfung waren nicht weniger als 42 Feuerwehren, einige von weither, im Einsatz.

Damit sind wir in der Ära nach dem Zweiten Weltkrieg angekommen. In der Zwischenzeit hatte die Schafbergbahn verlässlich und weitgehend unfallfrei ihren Dienst getan. Sie war zumeist auch während des Ersten Weltkrieges – zwar eingeschränkt, aber immerhin – in Betrieb gestanden, was man erst würdigen kann, wenn man weiß, dass bei einer einzigen Bergfahrt fünfhundert Kilogramm Kohle verbraucht wurden, daneben übrigens auch dreitausend Liter Wasser. Ebenso war die Schneeräumung im Frühjahr jedes Jahr eine aufwendige Sache. Sie erfolgte händisch mit Dutzenden Arbeitskräften oft in wochenlanger Arbeit. Während des Zweiten Weltkrieges stand die

Bahn ebenso wenig still, wenngleich das Publikum nicht viel davon hatte, denn der Schafberg wurde zum militärischen Sperrgebiet erklärt, das niemand betreten durfte. Oben waren Beobachtungsposten stationiert, welche die Annäherung feindlicher Flugzeuge zu erspähen hatten. Selbst im Winter durfte daher der Bahnbetrieb nicht ruhen.

Während der ganzen Zeit, seit die Schafbergbahn besteht, hat sie mehrfach den Eigentümer gewechselt – heute betreibt sie mit Erfolg die Firma Salzburg AG Touristik GesmbH – und immer war man bestrebt, sie zu modernisieren und dem Stand der Technik anzupassen: Sie wurde von nostalgischen Dampfloks auf Triebwagen und Öldampfloks umgestellt, zuletzt auf dieselelektrische Lokomotiven. Mit Stolz verweist man auf mehrere hunderttausend Fahrgäste, die jedes Jahr befördert werden. Der Bedeutung des Berges sollen nun auch die zugehörigen Gebäude angepasst werden. Die Talstation wird ein „Erlebnisquartier", ausgestattet mit einem Restaurant, einem Ausstellungsbereich und Veranstaltungsräumlichkeiten für dreihundert Personen, ausgewählt aus Entwürfen von nicht weniger als vierundfünfzig Architekten. Das Gipfelhotel, dessen Innengestaltung noch aus der Zeit stammt, als die Bahn im Eigentum der Österreichischen Bundesbahn stand – man sagt, die Ausstrahlung des Speisesaals gleiche der des Warteraums am Bahnhof von Attnang-Puchheim –, wird ebenfalls als Panoramarestaurant völlig neu errichtet, und zwar nach dem Entwurf eines Luxemburger Architekturbüros, wobei „der Respekt zum Berg und zur Natur" als Leitbild im Vordergrund steht.

Die „weihevolle Stimmung" am Berg, von welcher der Journalist des Jahres 1855 so begeistert schrieb, ist freilich zumeist verflogen, sobald am Vormittag der erste Zug ankommt. Der Mensch ist nicht mehr wie damals allein und tut sich schwer, „in den Gedanken zu schwelgen". Die vielen Touristen, die mit der Bahn den Gipfelbereich erreicht haben, erleben natürlich noch immer in eindrucksvoller Weise die Majestät des Berges, die gewaltigen Felsabstürze, die unendlich weite und vielfältige Aussicht – man spricht von vierzehn Seen, die man erblickt. Wer aber die Romantik sucht, der muss sie erst aufspüren und wird sie auch finden; im ausgedehnten Bereich des Berges hat sie allenthalben noch Platz. Etwas unterhalb des Gipfels liegt die sogenannte Himmelspforte, eine malerische Einkerbung im Fels, von der ein vielgewundener Steig durch die Steilwand hinunterführt. Unten findet sich ein kleiner See, der „Hinterschafbergsee". Wer an seinem Ufer sitzt, der befindet sich direkt unterhalb der riesigen Abstürze der Nordwand. Unendlich hoch über sich hat er das Geländer, über das sich die Touristen beugen, um hinabzublicken in die dunkle Tiefe, in welcher sich der einsame Bergwanderer aufhält.

Der nächste See wäre der Grünsee, ein stilles kleines Gewässer, von den Gämsen bevorzugt, die sich besonders häufig in der Früh hier zu einem Morgentrunk einfinden. Und schließlich der Mönichsee, der größte der drei Schafbergseen, unter den Abstürzen des „Törlspitz" gelegen, herrlich von Wald umgeben und recht geheimnisvoll. Eine Örtlichkeit heißt „heimliches Gericht" – warum, das weiß niemand mehr. Eine Hexe soll hier hausen, die einmal zwei Kinder entführte und einem der beiden ein Messer in den Rücken rammte. Seither findet sie keine Ruhe mehr, heißt es in der Sage. Wurde vielleicht, um sie zu bannen, die weiße Figur der Muttergottes auf der Spinnerin aufgestellt – und das Kreuz auf dem Törlspitz? Der Schafberg hat eben seine seltsamen Seiten. Man hält ihn für überlaufen, dabei birgt er noch immer viele Geheimnisse und unendlich viel Romantik.

Der wundersame Wolfgangsee

Fotos:

S. 31: Der hoch aufragende, beinahe wuchtige Turm der Wallfahrtskirche St. Wolfgang stellt sich zu jeder Jahreszeit, bei jedem Licht prominent ins Bild. Die nahe des Ufers gelegene Kirche prägt das Ortsbild und ist vom Südufer aus stets ein willkommenes Fotomotiv.

vorangehende Doppelseite links: Romantische Stimmung am Wolfgangsee; Blick von Strobl Richtung St. Gilgen. Unverkennbar und auch am frühen Abend schon warm beleuchtet: der Kirchturm von St. Wolfgang.

vorangehende Doppelseite rechts: Es ist Anfang April, ein stürmischer Morgen. Die noch verbliebenen Schneeflecken zergliedern die steile Falkensteinwand, das Gegenlicht lässt die Szene geradezu dramatisch erscheinen.

links: Am Südufer des Sees breitet sich das Blinklingmoos aus. Mit großem Erfolg wurde in den letzten Jahrzehnten die etwa 100 Hektar große Fläche, bestehend aus blütenreichen Streuwiesen, Feuchtwiesen, Moor- und Auwäldern, renaturiert und unter Naturschutz gestellt. Sie präsentiert sich heute als Schatzkammer der Artenvielfalt.

rechts: Im Herbst zeigt sich das Naturschutzgebiet besonders farbenprächtig. Auch die flachen Uferzonen mit ihrem Schilfbewuchs sind streng geschützt. Unter einer dünnen Morgennebeldecke ist das Wasser spiegelglatt und reflektiert den ersten Schnee, den der Schafberg einige Tage zuvor bekommen hat.

Fotos:

vorangehende Doppelseite: Am Nordwestende des Wolfgangsees erhebt sich hoch über St. Gilgen ein markanter Felsgupf, der Plombergstein. An einem warmen Sommertag lädt seine Aussichtsplattform zu einer gemütlichen Rast ein, der Wanderer vermag von dort den See in seiner ganzen Länge aus der Vogelperspektive zu betrachten. Im kleinen Yachthafen warten zahlreiche Segelboote auf herzhaften Wind, im Südosten öffnet sich ein wunderbares Bergpanorama. Links in weiter Ferne ist die Katrin, der Hausberg von Bad Ischl, zu erkennen, dann folgen die Gipfel von Rettenkogel und Sparber, der Spitz des Rinnkogels, und schon nahe herbei die kegelige Erhebung der Bleckwand, in ihrem Rücken die Grünflächen der Postalm.

diese Doppelseite: Es scheint, als wollte das glockenförmige Dach des Kirchturms das noch schlafende St. Wolfgang in dieser frühen Morgenstunde behüten. Der glatte See erlaubt eine perfekte Spiegelung. Allein die Ente bringt Bewegung ins Bild. Sie genießt wohl die friedliche Einsamkeit, bevor der touristische Trubel über St. Wolfgang hereinbricht.

Fotos:

vorangehende Doppelseite links: Auch im Winter lohnt es sich, im einsamen Blinklingmoos mit seinen zarten Farben umherzustreifen.

vorangehende Doppelseite rechts: Blick auf den fast abstrakt wirkenden Bürglstein, eine wohlbekannte Erhebung in der Bucht von Strobl. In diesem fahlen Winterlicht scheint ihm jegliche Farbe abhandengekommen zu sein.

links: Ein blitzblauer Himmel und der Schafberg mit seiner ersten Schneehaube spiegeln sich am Ufer des Naturschutzgebietes Blinklingmoos.

rechts: An einem sonnigen Herbsttag lässt sich bei einem Spaziergang um den Bürglstein noch reichlich Wärme tanken. Die wunderbare Verfärbung der zahlreichen uralten Laubbäume tut auch der Seele gut.

Geseegnetes Aberseeisches Gebürg. So titulierte Abt Bernhard Lidl von Mondsee sein 1732 erschienenes Mirakelbuch, das er dem Wallfahrtsort St. Wolfgang widmete. Unter dem „gesegneten Gebirge" verstand er aber weder den markanten Schafberg noch die abwechslungsreichen Berge im Süden, sondern eine bescheidene Anhöhe im Westen: den Falkenstein, der nicht einmal ein richtiger Berg ist, sondern ein Hochtal. Vielleicht meinte er gleichfalls das felsige Plateau, auf dem die Kirche und der Ort St. Wolfgang positioniert sind. Diese Höhen, so der Abt, seien „gesegnet" – er bezog sich damit vor allem auf die vielen Wunder, von denen er zu berichten wusste und die sein Buch Seite um Seite füllen.

Und er berichtete auch, warum man gerade hier mit einer solchen Fülle an Mirakeln zu rechnen habe: Als der heilige Wolfgang von seiner Einsiedelei am später nach ihm benannten See Abschied nahm und in seine Bischofstadt zurückkehrte, da prophezeite er, dass sich an jenem Ort viele Wunder ereignen würden – doch an seinem Grab in Regensburg werde man nichts dergleichen beobachten können. Wo gibt es sonst noch einen Platz, dem sozusagen „amtlich" – verbindlich durch einen mächtigen Heiligen – zugesagt wurde, dass dies ein Ort voller Wunder sein werde?

Und zuhauf strömten Wallfahrer wegen dieser Wunder nach St. Wolfgang. Wenn sie zum Falkenstein kamen, dem Berg, an dem der Heilige als Eremit gelebt hatte, dann lernten sie schon dort eine Fülle an wundersamen Örtlichkeiten kennen, die sie zutiefst beeindruckten: Da war die Felsmulde, in welcher, wie es hieß, der Heilige sommers wie winters geschlafen hätte. Da wuchsen seltsame Pflanzen, die „Wolfgangiknollen", eine Art Zyklamen, die von den Wallfahrern gesammelt und mitgenommen wurden. Da gab es ein Loch im Felsen, durch das man sich durchzwängte und damit alles Übel, alle Sünden abstreifte; ferner eine heilsame Quelle, die der Einsiedler hatte entspringen lassen, um den Durst seines Gefährten zu löschen; und schließlich Steine, in welchen er seine Spuren eingedrückt hatte. Auch wusste man um ein Echo, mit dem man den Heiligen anrief („Heiliger Wolfgang, bist da? Wennst da bist, schrei ‚Ja!'" – Antwort: „Ja!"). Eine Glocke war zu läuten, und wenn sie dreimal nachschlug, sobald man den Strick ausgelassen hatte, dann ging, wie man sagte, ein Wunsch in Erfüllung. Dieselbe wundersame Wirkung mutmaßte man ebenso von einem Stein, den man zu drehen hatte. Denn dieser lag dort, wo der heilige Wolfgang einst schwungvoll sein Beil den Berg hinabgeworfen hatte – mit dem Gelöbnis, dort, wo er es finde, eine Kirche zu bauen.

Auch wer das alles nicht so ganz ernst nimmt: Er wird sich jedenfalls der Stimmung, die den Falkenstein umgibt, nicht entziehen können, wie sie einst schon den Schriftsteller Alexander Lernet-Holenia erfasste. „Wenn nicht an hölzernen Masten elektrische Drähte vorübergeführt hätten", schreibt er, „wäre alles gewesen wie vorzeiten – vor zwanzig Jahren, so gut wie vor fünfzig oder hundert oder vielen hundert Jahren. Denn was war hier die Zeit!"

Auch in St. Wolfgang, wohin die Hacke des Heiligen geflogen war, gibt es eine Stelle, wo man weit hinabtauchen kann in die Tiefen der Zeit. Es ist der kleine abgetrennte Raum, zu dem man auf ein paar Stufen im Inneren der katholischen Pfarr- und Wallfahrtskirche emporsteigt. Hier steht die Nachbildung der Zelle, in welcher der heilige Wolfgang als Einsiedler gewohnt hat: Man kann die Bilder betrachten, welche die Legende von seinem Teufelskampf erzählen, und man sieht vor allem den Stein, auf welchen er sich geworfen und der die tiefen Eindrücke seines Körpers „aufgenommen" haben soll. Viele hundert Jahre lang, vielleicht schon vor mehr als tausend Jahren, haben sich die Menschen auf dieses seltsame Gebilde gelegt, um an den Segenskräften zu partizipieren, welche sie darauf vermuteten und die sie möglicherweise verspürten. Hier und in den gegenüberliegenden Untergeschossen des Turmes wurden die reichen Votivgaben zur Besichtigung ausgehängt, welche die Wallfahrer zum Dank für Heilungen und andere Wunder mitgebracht hatten. Und ein Besucher des Jahres 1493, der schlesische Freiherr von Zedlitz, berichtete, dass diejenigen Opfergaben, deren Spender ihre Gelübde nicht erfüllten, nicht hängengeblieben, sondern heruntergefallen sein sollen.

Die meisten Besucher der Kirche lassen diese wundersamen Räumlichkeiten links liegen, weil ihnen ihre Gedankenwelt fremd ist. Sie streben dem berühmten Hochaltar zu, den Michael Pacher vor mehr als fünfhundert Jahren geschaffen hat. Auch er kann als ein gewaltiges Wunder angesehen werden; aber nur wer sich in die Einzelheiten der Bilder und Figuren vertieft, wird die wundersame Welt seines Schöpfers in aller Fülle erfassen. Von weit her, aus dem fernen Südtirol, wurde der Meister der Spätgotik im Dezember des Jahres 1471 berufen, um den Auftrag entgegenzunehmen, für die berühmte Wallfahrtskirche eine „neue Tafel", wie man damals sagte, anzufertigen. Er ließ es sich gewiss nicht nehmen, bei dieser Gelegenheit auch den Ort zu besuchen, wo sein Werk aufgestellt werden sollte: die berühmte Pilgerstätte zum heiligen Wolfgang. Fasziniert von der großartigen Landschaft hielt Pacher sie auf einem Skizzenblatt fest und gab sie dann auf einem der Gemälde seines Altares wieder: eine Landschaft, wie sie der Wirklichkeit weitgehend entsprach und wie bis dahin in deutschen Landen kein Maler eine solche wiederzugeben gewagt hatte. Da zieht sich zwischen Rettenkogel und Vormauer der See hin, zwei Enten (beileibe keine Schwäne wie heute) und ein paar Boote beleben ihn, hinten steigt der Felsen des Bürglsteins auf – und daneben kann man die Häuser von Strobl ausmachen. Vor dieser Szenerie ist der heilige Wolfgang mit seinem Gehilfen beschäftigt, die Kirchenmauer aufzuziehen, denn gemäß seinem Gelübde musste er sie ja eigenhändig errichten.

Aber es finden sich am Altar noch andere Einzelheiten, die der interessierte Betrachter ausfindig machen kann. Da sind merkwürdige Schriftzeichen am Gewandsaum eines der Pharisäer, welche der Auferweckung des Lazarus beiwohnen. Ist es eine Geheimschrift oder sind es bloß belanglose Zeichen? Und warum hat Pacher ein winziges Bild seiner Heimatstadt Bruneck ausgerechnet unter dem Horn des Teufels im Gemälde der Versuchung Christi platziert? Die kleinen Heiligengestalten, die den Schrein umgeben: Sind es die Vorfahren Christi, die vierundzwanzig Ältesten der Apokalypse, oder stellen sie anderweitige Symbole dar? All das sind Rätsel, die noch auf ihre Lösung warten.

Im Gegensatz zu den ernsten, strengen, in sich geschlossenen Figuren Michael Pachers treten die Heiligen auf den barocken Altären im hinteren Teil der Kirche heiter und lebhaft, echt volkstümlich auf. Ihre Schöpfer waren in unseren Gegenden daheim. Thomas Schwanthaler, der den Doppelaltar für den eigentlichen Kult des heiligen Wolfgang schuf, stammte aus dem Innviertel. Er wird als eine lebenslustige Kraftnatur geschildert, der keinem Streit aus dem Wege ging: ein „aufbrausender, rechthaberischer, fast gewalttätiger Mann, blutvoll und stark" (Benno Ulm), der fünfzehn Kinder in die Welt gesetzt hat. Aus seinem Altar quillt die Fülle des Lebens, fast hundert Figuren einschließlich der vielen Engel und Engelsköpfe beleben das Werk. Der andere große Bildhauer, Meinrad Guggenbichler, stammte zwar aus der Schweiz, ließ sich aber in Mondsee nieder, wo er eine Familie gründete, ebenfalls mit vielen Kindern (darunter auch einem unehelichen) – er mag als „naturalisierter" Bewohner unseres Landes gelten. Seine Figuren sind weicher als jene Schwanthalers, anmutig und liebenswürdig.

Auch die Äbte, die zu jener Zeit dem auftraggebenden Kloster Mondsee vorstanden, kamen aus dieser Gegend. Ihrem Wesen entsprach wohl das Schaffen der einheimischen Künstler – und darum wurden sie deren Förderer. Zweihundert Jahre zuvor hatte es schon so einen einsichtigen Abt gegeben, der durch Obsorge für das Volk in Erinnerung blieb: Wolfgang Haberl, ein Bauernsohn aus der Umgebung von Mondsee. Er ließ 1518 den heute noch vorhandenen Brunnen für die Wallfahrer aufstellen, den er ausdrücklich laut einer darauf befindlichen Inschrift „den armen pilgrümb" widmete, „dye nit haben gelt umb wein", und er wünschte ihnen „dye mögen pey dissem wasser frellich sein". Darunter ließ er heitere Reliefs anbringen: Sie zeigen Kinderspiele, Musikanten, eine nackte Frau beim Sonnenbad und vieles mehr.

Aus ganz anderem Holz war einer seiner Nachfolger geschnitzt, Johann Christoph Wasner aus dem Passauer Umfeld, der 1592 zum Abt installiert wurde. Damals war das Luthertum auch in unserem Gebiet weit verbreitet, und speziell der Pfleger der Herrschaft Wildenhag war ein aktiver Gegner der katholischen Konfession, die er als den „höchsten Greuel" bezeichnete. Er stiftete die Bürger von St. Wolfgang an, die Pilger zu verlachen und zu tribulieren, ihnen keine Herberge zu gewähren und, wenn sie es schon taten, dann ihnen an Fasttagen Fleischspeisen vorzusetzen, sodass die Gläubigen abgeschreckt würden, diesen „andechtigen Orth" zu besuchen. Der Abt bemühte sich mit Erfolg, solche Aktionen abzustellen, und konnte mit Genugtuung beobachten, dass sich bald schon, an einem Dreifaltigkeitssonntag, bis zu sechstausend „Kürchfarter" einfanden, so viele wie schon lange nicht mehr. Übrigens wohl zur Freude der Bürger, die sich dabei – wie man vermuten kann – wieder auf die wirtschaftliche Grundlage ihres Ortes besonnen haben.

Andererseits wird Johann Christoph Wasner als schwierige Persönlichkeit geschildert, die laufend in hitzige Streitereien verwickelt gewesen sein soll, bis man ihn 1615 wegen „malancolia und blötigkeit des memorj", also wegen depressiver Anwandlungen und wegen Geistesschwäche, veranlasste, abzudanken. Er zog sich nach St. Wolfgang zurück, wo einer seiner Vorgänger ein neues Pilgerhaus gebaut hatte. In diesem Gebäude, dem Priorat des Klosters Mondsee (heute „Schloss" genannt), einem mächtigen Bau neben der Kirche, verbrachte er seine letzten Jahre und hier hat er ein ganz eigenartiges Denkmal hinterlassen: eine kunstvoll bemalte Decke im dortigen Festsaal. (Sie befindet sich heute in den Privaträumen des Schlosseigentümers und ist der Allgemeinheit nicht zugänglich.)

In die Mitte dieses hochinteressanten Kunstwerks ließ der Abt das Wappen des damaligen Kaisers Rudolf II. setzen; Engel singen das Lob des Herrschers und seiner „glückhaften Waffen". Es handelt sich also um eine Huldigung an den Monarchen, die erste dieser Art, denn in den Klöstern und Stiften unseres Landes wurde es in der Folge üblich, „Kaisersäle" einzurichten, in denen mit viel Glanz die Herrscher des Hauses Habsburg glorifiziert wurden.

An der Südostwand des Saales prangt das Wappen des Abtes mit einer sinnigen Inschrift, in der er sein Geschick beklagt, aber gleichzeitig betont, dass er sich Gottes Willen ergeben will. Den Hauptteil des Kunstwerkes bilden acht große Bilder, auf denen die Planeten des Himmels und ihr Einfluss auf die irdischen Verhältnisse dargestellt werden. Man sieht zum Beispiel den listigen Merkur über das Firmament fahren, darunter liegt der schlaue Fuchs, der sich tot stellt und so die Vögel anlockt; im richtigen Moment wird er sich strecken und einen von ihnen fangen. Oder es wird Saturn gezeigt, der seine Kinder frisst, während unten ein Geier an einem Pferdekadaver nagt und die Rippen freilegt – nicht gerade ein appetitanregendes Motiv für einen Schmaus in diesem Festsaal.

Nach der Aufhebung des Klosters Mondsee hatte das „Schloss“ von St. Wolfgang als Klostergebäude ausgedient, wurde zum Teil Pfarrhof, zum anderen Teil Privatwohnung des Eigentümers der „Herrschaft St. Wolfgang“, welche die ehemaligen Realitäten des Klosters Mondsee (d. h. Wald, Wiesen und See) umfasste.
Dort waren auch Restbestände der ehemaligen Klosterbibliothek untergebracht: So lag auf einem Schrank ein überaus wertvolles Evangeliar aus dem 12. Jahrhundert, eine Handschrift mit einem kunstvoll verzierten emaillierten Deckel, das in den *Christlichen Kunstblättern* als „einer der größten österreichischen Kunstschätze“ bezeichnet wurde. Als der damalige Besitzer der Herrschaft k. k. Ackerbauminister Graf Julius von Falkenhayn um 1870 einmal dieses Prachtstück sah, ersuchte er den Pfarrer, es ihm leihweise zu überlassen. Dieser, in Kunstdingen offenbar ein Banause der Sonderklasse, meinte sinngemäß, er könne das Evangeliar gleich behalten. Eines Tages bekam es dort der prominente Kunstsammler Johann Nepomuk Graf Wilczek zu Gesicht; er fragte nach dem Tod Falkenhayns 1899 die Witwe, ob sie es ihm nicht verkaufen wolle. Sie erklärte ihm, ihr Gatte habe verfügt, nach seinem Ableben solle es sein Freund, der Abt des Südtiroler Klosters Marienberg, bekommen. Dieses Kloster verkaufte es während der Notzeit der 1920er Jahre nach Übersee in die Vereinigten Staaten. Dort liegt es heute im Walters Art Museum von Baltimore und ist unter der Bezeichnung „Mondsee Gospel Lectionary“ ausgestellt.

Vor dem Ackerbauminister hatte eine Wiener Industriellenfamilie namens Grohmann die „Herrschaft“ innegehabt. Das waren gastfreundliche, gesellige Leute, die beispielsweise die nachmals in St. Gilgen prominente Familie Exner ins Salzkammergut brachten. In St. Wolfgang hinterließen sie 1845 ein eigenartiges Bauwerk: einen Turm, der dort, wo der See am schmälsten ist, am äußersten Ende einer Halbinsel, emporragte und nach dem Willen des Bauherrn zum Abschießen von Böllern bestimmt war. Gleichzeitig nannten sie ihn ein „Lusthaus“. Die Lust war freilich nicht von Dauer; das Gebilde, volkstümlich „Leuchtturm“ genannt, begann sich bereits nach kurzer Zeit zu neigen und wurde immer schiefer, bis es 1961 als Ruine abgetragen wurde.

Bis zu seinem unrühmlichen Ende bildete das seltsame Gebilde ein Wahrzeichen der Landschaft. „Der Leuchtturm gibt St. Wolfgang einen eigenen Reiz“, mussten die Schulkinder in ihre Hefte schreiben, und die in Zinkenbach ansässigen Maler gerieten „in Entzücken angesichts des alten Leuchtturms, der gegenüber dem Badeplatz schief auf den See blickt und sich interessant im Wasserspiegel verdoppelt“, wie das *Neue Wiener Tagblatt* am 19. August 1932 zu berichten wusste.

Romantischen Fahrgästen, die auf den Schiffen der Wolfgangseeflotte die Stelle passierten, mag der Leuchtturm als ein weiterer Wunderbau von St. Wolfgang erschienen sein. Auch nach dem Wegfall dieses merkwürdigen Gebildes reiht sich aber bei der Fahrt von St. Gilgen her eine Sehenswürdigkeit an die andere.

Da steigt die mächtige Falkensteinwand aus dem See auf; dort steht das sagenumwobene Ochsenkreuz auf einer winzigen Insel. Es folgt das nicht minder geheimnisvolle Hochzeitkreuz am steilen Ufer, und ein kleines Stück weiter entfaltet sich die Pracht eines weiträumigen, schlossähnlichen Gebäudes. Es handelt sich aber nicht um den Sommersitz eines Aristokraten: Der Bau, „Ferienhort“ genannt, sollte nach dem Willen seiner Gründer „armen, braven, erholungsbedürftigen Gymnasialschülern aus Wien die Möglichkeit eines leib- und geisterquickenden Ferienaufenthaltes in unseren Alpen verschaffen“.

Die Idee zu dieser Sozialeinrichtung geht zurück auf den Wiener Universitätsprofessor Leopold Schrötter

Ritter von Kristelli, der sich nicht nur als Spezialist für Kehlkopferkrankungen einen Namen gemacht hatte, sondern auch als ein Pionier des Umweltgedankens bezeichnet werden kann. Sein Vorhaben, mit Hilfe eines Vereins von Wohltätern eine „Feriencolonie für bedürftige und würdige Gymnasiasten" aufzubauen, realisierte er zunächst im Jahr 1888 im einsamen steirischen Gebirgsort Wildalpen. Da es dort aber gar zu ausgestorben war, übersiedelte man zwei Jahre später nach Steeg am Hallstättersee in ein leerstehendes Salzmagazin der Salinenverwaltung. 1910 wurde dort ein Elektrizitätswerk gebaut. Das von den Turbinen abfließende Wasser verleidete den Zöglingen das Baden im See, weil es eiskalt war, ebenso störte der Betriebslärm. Daraufhin hätte man gerne das Schlosshotel Velden am Wörthersee gekauft, aber Gemeinde und Fremdenverkehrsverband wehrten sich heftig dagegen, dass sich im Zentrum des noblen Kurortes eine Horde halbwüchsiger, noch dazu bedürftiger Wiener tummeln sollte. So kam es schließlich zum Erwerb der Villa Frauenstein am Wolfgangsee.

Dieses Objekt hat wiederum eine eigene Geschichte: Sie beginnt mit der Sage von einer schwangeren Frau – in der Erzählung musste es natürlich eine Prinzessin oder Gräfin sein –, die über den See zum Wallfahrtsort des heiligen Wolfgang fahren wollte. Unterwegs setzten die Wehen ein, sie ließ sich an Land bringen und brachte dort ein Kind zur Welt. Seither nennt man die Stelle „Frauenstein".

1862 kam der Salzburger Eisenhändler Ludwig Zeller bei einem Ausflug hierher. Seine Gattin war von der herrlichen Gegend so angetan, dass er sich entschloss, für sie einen Sommersitz zu errichten: die „Villa Frauenstein", die erste Villa am Wolfgangsee, exklusiv angelegt, unter anderem mit drei Springbrunnen im Garten. Nachdem aber Emeline Zeller bald verstorben war, verkaufte der Witwer den Besitz, und zwar an einen adeligen k. u. k. Oberleutnant, der jedoch nach einigen Jahren in finanzielle Schwierigkeiten geriet und die Traumvilla vermieten musste.

Als Mieterin trat eine überaus prominente Person auf – Hofburgschauspielerin Katharina Schratt, die intime Freundin von Kaiser Franz Joseph. Drei Sommer verbrachte sie hier, und der verliebte Kaiser säumte nicht, sie zu besuchen, wobei er beim ersten Mal die freundlichen Worte schrieb: „Ich werde um 7 Uhr früh von hier nach St. Wolfgang fahren und mich dort zu Fuß durchfragen, bis ich Frauenstein gefunden habe." Man sagt, dass er ihr zuliebe sogar seinen Sommersitz an den Wolfgangsee verlegen wollte, doch sei ihm das als unpassend ausgeredet worden.

Der spätere Besitzer Karl Haiser wusste von der „lustigen Theatergesellschaft, welche Frau K. Schratt um sich versammelte", zu erzählen, dass sie sich für die Erhaltung des Hauses wenig interessierte, und dieses sichtlich verfiel. „Aber", so berichtete er weiter in recht despektierlichem Ton, „über die Ära Schratt ist die eingeborene Bevölkerung auf's Beste zu sprechen, denn die Gefeierte warf das Geld mit vollen Händen weg und das ist der einzige Weg, um sich die biederen Herzen zu erobern." Sie war dazu leicht imstande, denn wenn es um die geliebte Schauspielerin ging, öffnete Franz Joseph stets bereitwillig seine Privatschatulle – und, wenn es sein musste, auch für große Beträge. Hinter seinem Rücken kam freilich noch ein anderer Besucher nach Frauenstein – der uns bereits als Kunstsammler bekannte Graf Wilczek, der hinterher seinem „Katherl" leidenschaftliche Briefe schrieb und darin zum Ausdruck brachte, wie gut sie ihm in der Nacht gewesen war.

Katharina Schratt beabsichtigte den Besitz zu kaufen, doch kam ihr der vorhin erwähnte Karl Haiser zuvor, ein Fabrikant aus Wien, der das Haus sanierte, pflegte und wesentlich vergrößerte, bis er es 1910, dem Tode nahe, dem „Verein Ferienhort" zu einem günstigen Preis verkaufte. Seither hat das prachtvolle Gelände jedes Jahr mit Ausnahme der Kriegsjahre und der Corona-Lockdowns vielen tausend Jugendlichen für mehrere Sommerwochen maximalen Ferienspaß, körperliche Ertüchtigung und pädagogisch wertvolle Aktivitäten geboten. Gleich nach dem Erwerb wurde das Hauptgebäude errichtet, „ein Schloss, wie es sonst nur die Reichen haben" (*Salzburger Volksblatt* vom 22. August 1929) – mit einem Festsaal, der ein Glanzstück des Jugendstils darstellt und auch als der „schönste Turnsaal Europas" bezeichnet wurde.

Schon während der Zeit in Steeg wurden Kontakte mit der k. u. k. Kriegsmarine in Istrien aufgenommen. Diese war bestrebt, die „Ferienhort-Buben" für das Bootswesen zu interessieren, um „möglichst viele Seemänner aus den österreichischen Kernlanden mit deutscher Muttersprache zu rekrutieren". Bereits 1890 schenkte sie dem Ferienhort zwei Boote und zur selben Zeit wurde der k. u. k. Oberstabstorpedomeister Hans Baumgartner aus Pola (Pula, heue in Kroatien) die Sommermonate über nach Steeg entsandt, „damit er die dort untergebrachten Gymnasialschüler im Rudersport unterweise und seemännische Begeisterung wecke". Er fand dann Gefallen an dieser pädagogischen Aufgabe, kam jedes Jahr und blieb dem Ferienhort auch nach dem Ersten Weltkrieg treu, als Österreich nicht mehr ans Meer grenzte.
Aber immer noch existiert ausgerechnet am Wolfgangsee ein Relikt der österreichischen Kriegsmarine: Vier Traditionsboote finden sich weiterhin in den hiesigen Bootshäusern, die einst der k. u. k. Seemacht dienten. Eines davon ist die Gig „Alfred", 1865 in Marseille gebaut, 1872 von der Kriegsmarine übernommen und 1892 dem Ferienhort überlassen. Sie stand für mehr als hundert Ferienaktionen bis heute im Einsatz.

Die letzten Überreste des altösterreichischen Seewesens liegen also am Wolfgangsee – und zwar genau dort, wo Katharina Schratt ihren Kaiser und sonstige Liebhaber empfing. Genau dort, wo der heilige Wolfgang vor mehr als tausend Jahren sein Beil ins Tal schleuderte, wo sich der Weg der andächtigen Wallfahrer vom Falkenstein ins Tal senkt und wo sich heute ein Tummelplatz ferienfroher Jugend ausbreitet.

Wahrhaftig, der Wolfgangsee und das „Drumherum" halten bis heute eine Unzahl von Besonderheiten bereit, und zum Teil sind es echte Wunder!

Fotos:

nachfolgende Doppelseite links: Eng an den Fels geschmiegt lädt die kleine Falkensteinkirche zu einem Besuch ein. Sie ist eine der vielen Gedenkkapellen entlang des St. Wolfgang-Pilgerweges von St. Gilgen nach St. Wolfgang.

nachfolgende Doppelseite rechts: Wer von Fürberg bei St. Gilgen über den Falkenstein nach St. Wolfgang wandert, trifft nahe dem höchsten Punkt des Weges auf die Wolfgangquelle. Der Sage nach habe der Heilige hier den Quell entspringen lassen. Dem Wasser wird Heilkraft bei Augenleiden nachgesagt, was ihm den Beinamen „Augenbründl" einbrachte.

400
Jahre Wallfahrt
Ruhmannsfelden
St. Wolfgang
1583 – 1983

Fotos:

vorangehende Doppelseite links: Knappe zehn Jahre hat der Südtiroler Michael Pacher, ein Meister der spätgotischen Malerei und Schnitzkunst, an der Fertigstellung des berühmten Altars für die Pfarrkirche von St. Wolfgang gearbeitet. 1493 wurde dieser von seiner Werkstatt in Bruneck ins Salzkammergut gebracht, die Weihe des Altars fand endlich im Jahr 1504 statt. Der Flügelaltar mit seinen drei Schauseiten ist heute der einzige komplett erhaltene Altar Michael Pachers. Die hier abgebildete Feiertagsseite zeigt in der Mitte des Schreins die Krönung Mariens mit Christus, der in der linken Hand die Weltkugel als Reichsapfel hält, die rechte Hand segnend emporgehoben; vor ihm kniet Maria, die Hände zum Gebet gefaltet. Die vier Tafeln, früher nur an hohen Feiertagen geöffnet zu sehen, zeigen Szenen aus dem Leben Mariens.

vorangehende Doppelseite rechts: Marmor-Nachbau der Eremitage des heiligen Wolfgang, 1713 mit einer Kapelle überbaut und dem Kirchenraum am Nordschiff angegliedert.

links: Orgel von St. Wolfgang, 1629 von Hans Waldburger im Stil der Spätrenaissance gestaltet.

rechts: Zutiefst berührend ist die realistische Darstellung des leidenden Christus, eine Arbeit von Meinrad Guggenbichler, dem Klosterbildhauer von Mondsee. Sie gilt als eines der schönsten barocken Holzschnitzwerke in Österreich.

nachfolgende Doppelseite links: Der 1676 vollendete, hochbarocke Altar von Thomas Schwanthaler.

nachfolgende Doppelseite rechts: Detail des Schwanthaler-Altars. Eine der zahlreichen bezaubernden Engelsfiguren, die zu den Seiten des Tabernakels Weihrauchfässer schwenken.

MDC
LXXVI

Im
Weissen Rössl

I ♥ "Weisses Rössl"
weissesroessl.at

Fotos:

S. 59: Das berühmte, melodienreich besungene weiße Pferd – ein Touristenmagnet und ein wahres Aushängeschild für St. Wolfgang.

vorangehende Doppelseite: Seerestaurant im Weissen Rössl, wo der Charme des Zahlkellners Leopold (im Film von 1960 verkörpert von Peter Alexander) noch immer zu verspüren ist.

links: Diesem Komponisten hat St. Wolfgang sehr viel zu verdanken. Seine Operette mit den ins Ohr gehenden Melodien („Im Salzkammergut, da kann man gut lustig sein") haben den Markt am Fuße des Schafberges auf der ganzen Welt berühmt gemacht.

rechts: Romantische Gässchen wie der Steinige Weg durchziehen rund ums Weisse Rössl das Ortszentrum von St. Wolfgang.

Fotos:

links: Bei einem Winterspaziergang am Südufer des Sees, vielleicht entlang der ehemaligen Trasse der Salzkammergutbahn, bietet sich immer wieder ein wunderbarer Blick auf das friedliche, ruhige St. Wolfgang. Der windstille See bereichert die Szenerie um eine perfekte Spiegelung.

rechts: Blick von der Bürglstein-Promenade Richtung St. Gilgen. Auf diesem wunderschönen Spazierweg entlang des Sees, der abschnittsweise über künstlich angelegte Stege führt, kommt man St. Wolfgang schon recht nahe: ein besonders romantischer Platz, um an lauen Sommerabenden den Sonnenuntergang zu bestaunen, im Winter nicht minder reizvoll.

Wenn sich die Wallfahrer einst über den Wolfgangsee zum Ziel ihrer Pilgerfahrt bringen ließen, fiel ihnen gewiss auf, dass die Kirche von zwei bemerkenswerten Gebäuden flankiert war: Links breitete sich das Prioratsgebäude des Klosters Mondsee aus, in dem die zur Betreuung der Pilger abkommandierten Mönche stationiert waren, rechts stand etwas unterhalb ein Gasthof, der Verpflegung und Unterkunft bot, das Kuchlerhaus. Es mag sein, dass dieser Platz eine besondere Energie ausstrahlte, die sich auf Eigentümer und Bewohner übertragen hat, denn hier erhebt sich heute das Hotel „Weisses Rössl", von dem man sagt, das Glück stehe vor der Tür – ein Haus, dessen meist glückhafte Geschichte viele Seiten zu füllen vermag.

Schon als es noch den Namen „Kuchlerhaus" trug, war es von tatkräftigen, tüchtigen Gastronomen geführt, denn die Kuchler waren nicht nur „Gastgeb", sondern darüber hinaus lange Jahre auch Marktrichter, also lokale Respektpersonen, und zwar gerade zu jener Zeit, als der Streit, wem der See zugehöre, am heftigsten tobte. Wiederholt war dabei die Autorität des Richters gefordert, etwa am Faschingdienstag des Jahres 1656, als die St. Wolfganger und die Aberseer auf dem Eis zu raufen begannen. Benedikt Kuchler wurde dabei von einem Salzburger Untertanen ein „rodtparteter schelbm und diep" geheißen. Bei der darauffolgenden gerichtlichen Auseinandersetzung attestierte man ihm aber, er sei „ein ehrlicher alter Mann".
Für das Jahr 1683 berichtet Leopold Ziller, der Chronist von St. Gilgen, von einem ähnlichen Vorfall, als ein berüchtigter Raufer aus Abersee namens Eißl beim Gebetläuten den Hut nicht abnahm. Der Marktrichter, wieder ein Benedikt Kuchler, ließ ihn für drei Tage ins Gefängnis werfen, was wiederum heftige Proteste der Salzburger auslöste.
Andrerseits war es die Gattin eines Benedikt Kuchler, die 1678 mit ihrer vierjährigen Tochter im See ertrank; und auch jener Schiffmann, der 1616 in betrunkenem Zustand mit einer Magd auf den See hinausfuhr und mit dem Boot so schaukelte, dass sie hinausfiel und ertrank, nannte sich Kuchler. Gerade dieser Vorfall löste eine der erbittertsten Auseinandersetzungen zwischen Mondsee und Salzburg aus, die beinahe in einen Krieg ausgeartet wäre.

1689 einigte man sich endlich auf die Seegrenze, den sogenannten Seidenfaden, und es ist anzunehmen, dass der Marktrichter Stephan Kuchler maßgeblich zu der Einigung beigetragen hat, obwohl seine amtliche Funktion im Jahr zuvor geendet hatte und er nicht mehr im Kuchlerhaus saß, sondern seine Gastwirtschaft dort betrieb, wo heute das Gemeindehaus steht. 1724 verkaufte der letzte Kuchler das Stammhaus, das dann von Hand zu Hand ging und bis 1869 nicht weniger als neunmal den Eigentümer wechselte. Interessanterweise gehörte es 1758 für ein halbes Jahr einem „Weinwirt" namens Stephan Peter, einem Vorfahren der späteren Besitzerfamilie Peter.

Die Zeit um 1800 war für St. Wolfgang hart und bitter. Die Wallfahrt wurde von den Behörden eingeschränkt oder sogar verboten, eine andere Einnahmsquelle gab es nicht. „Ein Bürger nach dem anderen musste sein Haus, meist an fremde Zuwanderer, verkaufen", berichtet Friedrich Barth im alten Heimatbuch des Ortes. Erst in der zweiten Hälfte des 19. Jahrhunderts ist wieder ein unternehmungslustiger Wirt namens Wolfgang Grömmer zu nennen, der ein Gasthaus „Weißes Ross" führte. Das war allerdings nicht das spätere Hotel am See, sondern jenes am Marktplatz, das man später „Zum Touristen" und „Hotel Post" nannte und das heute (wieder) zum Komplex des „Weissen Rössl" gehört.

Grömmer, der Mann, der auf der Schafbergspitze das Hotel baute und der sich in die Wetterhöhle abseilen ließ, kaufte auch das Kuchlerhaus und das daneben liegende Objekt. Sein Sohn Franz Grömmer fügte noch ein weiteres Haus in der Nachbarschaft hinzu und machte daraus ein einziges Hotel, das er seit etwa 1883 auch unter dem Namen „Weißes Ross" betrieb. 1884 verkaufte er alles und zog sich nach Arco in der Nähe des Gardasees zurück, wo er die Pension „Olivo" gepachtet hatte. In St. Wolfgang führte das Hotel der neue Wirt Josef Draßl zusammen mit seiner geschäftstüchtigen Frau Antonia, einer Südtirolerin aus der Meraner Gegend.

Zu dieser Zeit war Ischl, der Nachbarort, bereits ein hochberühmtes Sommerfrische-Resort, und wer es sich leisten konnte, mietete dort eine Wohnung, oder noch besser: Er baute sich eine Villa. Dem berühmten Berliner Theaterdirektor Oskar Blumenthal genügte es freilich nicht, einfach eine Villa zu errichten, es musste etwas Besonderes sein. Er sah 1893 in Chicago ein in Deutschland gefertigtes Holzhaus, das zerlegt über den Atlantik transportiert und unter dem Staunen des Publikums auf der dortigen Weltausstellung aufgebaut worden war. Was so nach Amerika geliefert wurde, kann in umgekehrter Richtung auch wieder nach Europa kommen, dachte Blumenthal: Er bestellte das Werk, das man übrigens als das erste Fertigteilhaus der Welt bezeichnen kann, und orderte es nach Ischl, wo es unter noch größerem Staunen des Publikums in präzise verpackten Einzelteilen ankam und, Holzteil für Holzteil, ohne einen einzigen Schrauben oder Nagel, nach einem Steckplan zusammengefügt wurde.

Diese Villa Blumenthal wurde ein beliebter Treffpunkt der Ischler Gesellschaft, denn der Hausherr war geistreich und beliebt. Meist zusammen mit dem Schauspieler Gustav Kadelburg fabrizierte er ein Lustspiel um das andere, und da er sich in Berlin ein eigenes Theater hatte errichten lassen, konnten die Stücke mit Erfolg auf die Bühne gebracht werden. Sie sind heute alle vergessen – mit Ausnahme des Singspiels *Im Weißen Rössl*, das am 31. Dezember 1897 uraufgeführt wurde. „Eine kleine, harmlose Komödie", urteilte die *Badener Zeitung* am 18. Jänner 1899, „man kann sich gut amüsieren und doch nicht begreifen, wie dieser Schwank zu dem gerade sensationellen Erfolg komme. Es gibt eben auch unter den Theaterstücken Sonntagskinder." Tatsächlich zählte man schon 1899 in Blumenthals Theater zweihundertvierzig Aufführungen, und jede deutsche Bühne, die etwas auf sich hielt, inszenierte das Lustspiel im Laufe der folgenden Jahre. Sogar Kaiser Wilhelm II. erfreute die Autoren mit einem Glückwunschtelegramm, und der bekannte Kritiker Alfred Kerr schrieb: „Ein gar hübscher und erfreusamer deutscher Schwank, einer der tiefsten von Blumenthal und Kadelburg", wobei er unter „tief" vielleicht sogar „tiefsinnig" verstand.

Es erhob sich natürlich gleich die Frage, wo der Schauplatz des Erfolgsstücks zu suchen sei. Die Bühnenanweisung lautet: „Den Hintergrund der Bühne bildet der See- und Gebirgsprospekt, der sich in bewegten Wellen bis zum Wirtshausgarten fortsetzt, welcher durch eine in der Mitte geteilte Balustrade gegen den See abgegrenzt ist." In der Folge ist von einem „landenden Dampfer" und einer „Schiffsbrücke" die Rede. Die Wirtin kommt im 2. Akt per Boot, und im 3. Akt hat Ottilie Semmelkrümel über die Balustrade geworfen, um Fische zu füttern. Mehr Wolfgangsee geht fast nicht! Und trotzdem behauptete die *Wiener Sonn- und Montag-Zeitung* vom 3. Oktober 1898: „Das Weiße Rössl, das jetzt ebenfalls in Berlin so brav zieht, ist Ischler Race, ist an der Traun gezüchtet worden", und fährt mit einer etwas abenteuerlichen Geschichte fort: „Im Lauffener Wirtshaus hauste ein alter Wirth, der erst heuer ein junges, dralles, hübsches Weibchen heimgeführt hat. Genau drei Monate später ist das junge Weiberl ehrsame Wittib geworden. Dieses Wirthspaar hat Herrn von Blumenthal Modell gestanden. … Der arme Wirth ist todt, aber das ‚weiße Rössl' lebt, ist munter und wirft Herrn von Blumenthal recht viel ab."

Und doch ist an der Story etwas dran. In Sichtweite der Blumenthalschen Villa stand in Lauffen bei Bad Ischl tatsächlich ein Gasthaus „zum Weißen Rössl", das der Komödienschreiber häufig aufsuchte. Dort amtierte eine fesche Wirtin, die verwitwete Maria Aigner, übrigens eine geborene Gandl aus St. Wolfgang, welcher die Männer heftig den Hof machten. Sie hatte eine Verwandte, die den Namen der Hauptperson des Lustspiels trug: Josepha Voglhuber. Diese wiederum war die Schwägerin eines gewissen Leopold Petter, der sein Geld ursprünglich tatsächlich als Zahlkellner verdiente, es aber durch Sparsamkeit bis zum Hotelier brachte. Er war ein Typ, der Blumenthal imponierte, und mit dem ihn eine lebenslange Freundschaft verband.

Während aber Maria Aigner ohne größeres Aufsehen im Jahr 1927 verstarb und die Lauffener Gaststätte später sogar abgerissen wurde, bemühten sich die St. Wolfganger Wirtsleute, den Siegeszug des Lustspiels für sich zu nutzen. 1899 wurde der Hotelname von „Weißes Ross" auf „Weißes Rössl" geändert.

Ärgerlich war allerdings, dass Josef Draßl im Jahr 1901 Konkurs anmelden und den im Sinn des Wortes namhaft gewordenen Betrieb verkaufen musste. Nach einem weiteren Konkurs erwarb ihn die Familie Peter, in deren Eigentum er sich seither ununterbrochen befindet.

Das Lustspiel setzte seinen Siegeszug in den nächsten Jahren und Jahrzehnten fort. 1926 kam es zur ersten Verfilmung, seither ist unwidersprochen der Wolfgangsee der Ort, an dem die Komödie angesiedelt ist.
Und noch jemand bemühte sich, vom Ruhm des „Rössls" mitzunaschen, die frühere Wirtin Antonia Draßl, die später in der Nähe von Meran ein Hotel betrieb und jedem, der danach fragte, wissen ließ, sie sei das Original der „Rössl"-Chefin. „Jaja, Kinderl", so begannen laut einem Bericht der Zeitschrift *Wiener Bilder* vom 16. August 1931 ihre Erzählungen, „das waren noch Zeiten im Weißen Rössl! Wissen's, dass der Blumenthal das Stück geschrieben hat, daran war eigentlich der Kartoffelsalat schuld. Ja, mein Kartoffelsalat mit Mayonnaise, den hat der Herr von Blumenthal für sein Leben gern gegessen und ich musste bei ihm sitzen und mit ihm plauschen. So hat's angefangen." Und im Anschluss daran hatte das „Draßl-Muatterl", wie sie sich nennen ließ, noch weitere Anekdoten auf Lager, etwa von der Kaiserin Elisabeth, die auf einem Spaziergang in einen Platzregen geriet und völlig durchnässt im Hotel eintraf. Eilig wurde ihr aushilfsweise das beste Sonntagsgewand der Wirtin gereicht, diese „klappte zusammen wie a Taschenmesser" und dachte: „Ich a einfache Bürstenbinderstochter aus Bozen und die Kaiserin von Österreich!" Es folgte die Geschichte, wie sich Alexander Girardi in ihrem Hotel mit Helene Odilon verlobte, und sie wusste noch, was für ein Kleid die Braut trug („… wie das Innere von Schwertlinien"). Und der Opernsänger Richard Tauber kam als Kind regelmäßig mit seinen Eltern nach St. Wolfgang, und die Wirtin musste ihm einmal, als er schlimm war, das Hinterteil versohlen. Nur den Konkurs ihres Gatten erwähnte das Draßl-Muatterl nicht, ebenso bestritt sie natürlich heftig, je mit ihrem Oberkellner ein „G'spusi" gehabt zu haben.

Wenn aber irgendwo in der weiten Welt, sei es in Ödenburg oder in Paris, das Lustspiel aufgeführt wurde, dann war Antonia Draßl zur Stelle und ließ sich als diejenige in der Realität feiern, deren Schicksal das Publikum gerade auf der Bühne zur Kenntnis genommen hatte.

1930 wurde das „Ross" neu aufgezäumt, und zwar wiederum von einem cleveren Theatermann aus Berlin, Erik Charell. Wie es dazu kam, das wird so geschildert: Eines Tages hielt sich Charell in St. Wolfgang auf und saß mit dem Schauspieler Emil Jannings auf der „Rössl"-Terrasse. Dieser gab gutgelaunt einen Witz zum Besten, der aus dem Lustspiel von Blumenthal stammte. Charell fragte nach und zeigte sofort Interesse an dem Stück. Noch in der Nacht rief er den zuständigen Bühnenverlag an und ersuchte diesen, ihm ein Exemplar des Textbuches zu schicken. Der Bitte kam man nach, jedoch nicht ohne zu bemerken, dass es sich um „eine alte Schwarte" handle, die kaum besonderen Anklang finden werde. – Eine gute Geschichte, aber leider nicht wahr. Dem rührigen Theatermanager Charell war natürlich das seinerzeitige Erfolgsstück nicht unbekannt. Er plante eine Aufführung und wollte Jannings für die Rolle des Berliner Sommergastes Gieseke gewinnen. Dieser lehnte ab, weil er gerade mit den Dreharbeiten für den Film *Der blaue Engel* beschäftigt war.

Erik Charell war zweifellos in der Nachkriegszeit unter den deutschen Regisseuren einer der berühmtesten Stars. Er hatte von Max Reinhardt die Leitung des Großen Schauspielhauses in Berlin übernommen und bemühte sich mit Erfolg, seine 3 500 Sitzplätze allabendlich zu füllen. Im Buch *Überlandpartie* von Iris Fink und Roland Knie wird er ein „wirbelwindiger Perfektionist" genannt, bei dem es nicht anders umzusetzen war als „ganz groß".

Seine Inszenierungen waren alle Publikumsrenner, umso mehr wurde es das „Weiße Rössl", für dessen Umarbeitung er einen alten Theaterhasen namens Hans Müller gewann. Unter dessen Feder wurde das Stück, mit dem Blumenthal durchaus auch das Touristikwesen parodiert hatte, eine Revue-Operette. Erstmals trat der Kaiser persönlich auf und spendete der unter liebschaftsbedingten Depressionen leidenden Wirtin ein paar banale Trostworte: „'S ist nun mal im Leben so, andern geht es ebenso" und „Schweige und begnüge dich, lächle nur und füge dich." Für die Musik engagierte Charell den schon recht erfolgreichen Ralph Benatzky, der heute landläufig als der Komponist des Stücks gilt. In Wahrheit ließ der Impresario aber auch Schöpfungen anderer Tondichter einfließen, so war das Couplet des *Schönen Sigismund* das Werk Robert Gilberts; von Bruno Granichstaedten stammte der gefühlvolle Walzer *Zuaschau'n kann i net* und von Robert Stolz der Titel *Die ganze Welt ist himmelblau*.

Dass Ralph Benatzky ebenso wie die anderen Tonsetzer über diesen Stilmix nicht erfreut war, lässt sich denken. Es kam sogar zu einem Prozess, als Robert Stolz gegen Charell und Ralph Benatzky eine Klage einbrachte. Für Letzteren war das „Rössl" nur als Tantiemenlieferant von Interesse. Aber Iris Fink und Roland Knie berichten, dass er doch einmal von Rührung überwältigt wurde, als in Amerika bei einem Ski-Spektakel die österreichische Bundeshymne erklingen sollte. Da diese kein Mensch kannte, intonierte man den Titelsong des „Weißen Rössl", und tausende Besucher erhoben sich ergriffen von den Plätzen.

Die Uraufführung von Charells runderneuertem „Rössl" am 8. November 1930 wurde erwartungsgemäß ein Kracher. Die Kritik „überschlug sich vor Begeisterung", wie Kevin Clarke schreibt, das Publikum aber noch mehr. Abend für Abend war das riesige Große Schauspielhaus ausverkauft, und ungezählte Intendanten anderer Bühnen rissen sich um die Aufführungsrechte. Nach der Inszenierung in England meldete Benatzky einen „unbeschreiblichen Triumph", die Presse sprach vom „größten Londoner Theaterereignis seit Jahrzehnten". „Ein ganzes Jahr lang wurde das Weiße Rössl zweimal täglich gespielt" (Fritz Hennenberg). Ähnlich lief es in Paris, die Inszenierung wurde als ein „Einschnitt in der Geschichte der modernen Regiekunst" bezeichnet. In aller Eile wurde auch ein Film gedreht. Gegen diesen aber hatte man in Deutschland Bedenken. Wie der *Allgemeine Tiroler Anzeiger* am 22. November 1935 berichtete, wurde er von der nationalsozialistischen Zensur verboten mit der Begründung, es werde darin allzu große Propaganda für die Schönheit der österreichischen Landschaft gemacht; außerdem entspreche die Figur des ewig meckernden Giesecke „nicht dem deutschen Geist". In Wahrheit war und blieb das muntere Pferd den damaligen Machthabern wohl deshalb verdächtig, weil es in der Hauptsache von Juden stammte.

Das Hotel in St. Wolfgang war 1912 von Paul Peter erworben worden. Er gilt als der wahre Motor des St. Wolfganger Fremdenverkehrs. Ursprünglich saßen er und seine Familie auf dem „Peterbräu", einem uralten Bräuhaus in der Nähe der heutigen Schiffanlegestelle. Da es den Anforderungen nicht mehr entsprach, errichtete er auf der Anhöhe darüber, nahe dem Ortseingang, ein neues Etablissement, das „Hotel Peter", von dem er in Anzeigen behauptete, es sei „nach Art der größten Schweizer Hotels" angelegt. Damit hatte er aber nicht genug.
Sobald die Schafbergbahn auf Schiene stand, baute er daneben einen noch viel luxuriöseren Betrieb mit hundert Fremdenzimmern, den er „Grand-Hotel" nannte. Dazu pachtete er auch das „Hotel Schafbergspitze". Seinen größten Coup landete Paul Peter, der sich zudem als zeitweiliger Bürgermeister, Vorstand des Männergesangvereins und in weiteren Funktionen um den Ort verdient machte, mit dem Kauf des „Weißen Rössls".

Nach ihm übernahm sein Sohn Hermann das ganze Unternehmen und führte es durch die Zwanziger-, Dreißiger- und Vierzigerjahre. Es war die glanzvolle Ära, als Charell und Benatzky dem Hotel zu Weltruf verhalfen, aber auch die Zeit der Weltwirtschaftskrise, der „Tausend-Mark-Sperre" und des Zweiten Weltkrieges, in dem Hermann Peter freiwillig zur Luftwaffe einrückte. Etliche Machthaber des Dritten Reiches fanden am „Weißen Rössl" Gefallen und beehrten es mit ihrem Besuch. Reichsaußenminister Joachim von Ribbentrop, der auf Schloss Fuschl residierte, kam gelegentlich herüber, und Joseph Goebbels zelebrierte einen großen Auftritt, als er den Schauspieler Jannings besuchte. Allerdings mussten ab 1943 in den großen Hotels Lazarette eingerichtet werden. Im „Rössl" wurden „verdiente Arbeitskameraden als Gäste des Gauleiters" einquartiert und konnten hier „einen vierzehntägigen Ehrenurlaub für vorbildlichen Einsatz" genießen, wie die *Oberdonau-Zeitung* am 23. Juli 1944 vermeldete.

Nach dem Krieg tat der Wirtsfamilie die vorherige Nähe zu den Größen der nationalsozialistischen Zeit gar nicht gut. Mit dem Einmarsch der Amerikaner wurde das „Weiße Rössl" beschlagnahmt, das Grand-Hotel war schon vorher abgebrannt. Und kurz danach kam die Nachricht, dass der einzige Sohn gefallen war. In dieser verzweifelten Situation entschloss sich 1946 Hermann Peter, mit seiner Frau Selbstmord zu begehen. Die Gattin kam zu Tode, er überlebte und heiratete später die Witwe seines Sohnes, die ihm noch einen Stammhalter gebar. Nachdem Hermann Peter 1951 gestorben war, führte diese Frau das Geschäft weiter und brachte die Betriebe mit unglaublichem Geschick und bewundernswerter Zähigkeit wieder zu alter Stärke.

Das Operettenpferd setzte indes zu neuen Sprüngen an. So ganz das alte war es nicht mehr und die *Neue Zeit* behauptete am 24. August 1946 gar, es handle sich um einen „waidwunden Gaul", der „sich nur mehr mühselig von einem toten Punkt zum anderen zu schleppen" vermag. „Ein greiser Schimmel, dessen Geburtsfehler und Degenerationserscheinungen in den Jahren seines Stallarrestes durchaus nicht geschwunden sind". Das Publikum fasste das ganz anders auf und jubelte ihm überall, wo es auftrat, begeistert zu. Allerdings hatte seine alte kabarettistische Kraft abgenommen, es war zu einem braven Stalltier geworden, das sich von jedermann streicheln ließ. Der Heimatfilm hatte sich seiner angenommen. Es entstanden anrührende Filme, die sich zu Kassenschlagern entwickelten, vor allem jener mit Peter Alexander, Waltraut Haas und Gunther Philipp, dem die Kritik allerdings nur „Blödel-Charme" zubilligte. Andererseits kam es aber durchaus zu fulminanten Inszenierungen wie jener in Berlin, die deswegen erwähnt sei, weil der *Spiegel* am 10. Oktober 1994 darüber schrieb, hier steige das alte Schlachtross „wie ein flügellahmer Pegasus“ zu neuem Ruhm empor und erweise sich „überraschend als geländegängiges Vollblut“. Mögen ihm noch viele solcher Comebacks beschieden sein!

Und das Hotel? Man hat sich bemüht, mit der Zeit zu gehen. Alte Gebäude wurden abgetragen und neu aufgeführt, ein Hallenbad kam dazu und eine Wellness-Zone. In den See wurden ein Bad und ein Whirlpool verlegt, der besonders im Winter sensationelle Bilder liefern kann, wenn neben dem Treiben auf dem Eis des Wolfgangsees Betrieb im Badebereich herrscht. Das ehemalige „Hotel Post“ wurde dazugekauft und eine neue, repräsentative Rezeption geschaffen. Und das alles läuft unter dem Aspekt, die Authentizität zu bewahren, wie der Altwirt Helmut Peter versichert, „indem wir uns zurückbesinnen auf das Ursprüngliche und das für die Zukunft weiterentwickeln.“

Sommerfrische
und
Künstlerparadies

KASSA

Fotos:

S. 73: Ein verwunschenes Gärtlein mitten in St. Wolfgang, das wohl von glanzvolleren Zeiten träumt; die einstige Villa von Alexander Lernet-Holenia.

vorangehende Doppelseite: Seepromenade in St. Gilgen. Hier ließ und lässt sich noch immer mit Muße die Zeit verbringen, mit freiem Blick auf den See; hoch droben der Gipfel des Schafberges.

links: „Am glücklichsten war ich in meinem Haus am Bach" – Hilde Spiels frühere Villa in St. Wolfgang.

rechts: Das Grab von Hilde Spiel auf dem Stadtfriedhof von Bad Ischl, wo sie an der Seite ihres zweiten Mannes beigesetzt ist.

nachfolgende Doppelseite: Eine Villa in Strobl, 1896 im Toskana-Stil von George Schinteliffe-Blacky erbaut. Ab 1924 im Privatbesitz der Familie Deutsch, 1942 als jüdisches Vermögen „arisiert", nach dem Krieg restituiert. Nach weiterer wechselvoller Geschichte wurde das Haus schließlich 1988 von der Gemeinde Strobl angekauft und so vor dem Abriss bewahrt. Heute steht es dank des Kulturvereins Deutschvilla der zeitgenössischen Kunst als denkmalgeschützte Präsentationsräumlichkeit zur Verfügung.

S. 80/81: Ein Bauernhof als Künstlerklause – der Hof des Adambauern auf der Halbinsel des Zinkenbachs, wo in der Zwischenkriegszeit viele bildenden Künstler ein sommerliches Refugium fanden.

JOHANNES EV. J.L.M.
FLESCH EDLER v. BRUNNINGEN
5.2.1895–1.8.1981
HILDE MARIA
FLESCH–BRUNNINGEN
19.10.1911–30.11.1990
HUGO SPIEL
1880–1945
MARIE SPIEL
1890–1951
LEONIE SPIEL
1890–1962
IN MEMORIAM
GRÄFIN MICHELINA BADENI + 1854

DEUTSCH
VILLA

KUNST
HAUS
DEUTSCH
VILLA

Im Jahr 1860 brach der zu dieser Zeit schon ziemlich prominente Dichter Joseph Victor von Scheffel zu einer Fahrt an die Donau auf – er wollte ein Epos schaffen, das den Ruhm der Nibelungen besingen sollte. Mit dem Heldenlied wurde es nichts, dafür entstand zu Beginn der Reise eine andere Dichtung, denn Scheffel machte zunächst einen Umweg über Mondsee und den Wolfgangsee. Dort wurde er nachhaltig beeindruckt von der Legende des heiligen Wolfgang und von den Stätten, an denen sie sich abgespielt haben soll. Er wohnte mit seinem Begleiter August von Eisenhart im Cortisenbräu von St. Wolfgang, einem an eine Felswand gelehnten alten Gebäude, das romantisch, aber kaum wohnlich war. Später wurde es abgerissen und durch Teile des Eventhotels Scalaria ersetzt. Scheffels Gemütslage war nicht die beste, Schicksalsschläge und schiefgegangene Liebschaften bedrückten ihn – so entstanden die *Bergpsalmen*. Darin ergab sich der Dichter, den man als Verfasser fideler Studentenlieder (*Im schwarzen Walfisch zu Askalon* oder *Das war der Zwerg Perkeo*) und froher Wandergesänge (*Wohlauf, die Luft geht frisch und rein*) kannte, einer nachdenklichen Stimmung: Er folgte dem Einsiedler, der seinen „goldschweren Bischofhut“ zurückgelassen hatte und nun „mit rüstiger Arbeit und rüstigem Beten“ den „Nöten trotzt“, und begleitete ihn bis zu den Gletschern des Dachsteins. Doch versetzte er seine Leser in eine gewisse Ratlosigkeit, wenn er sich in eigenartigen Wortschöpfungen erging und etwa von einem „wohlumschuppten Gotteshausdach“ oder von einem „felswandenttràufelnden Bachguß“ sprach. Freilich tat dies der Popularität des Dichters keinen Abbruch. Obgleich er eher ein Vertreter deutschen Nationalgefühls war, schwärmte man selbst im österreichischen Kaiserhaus für ihn. Die Kaiserin kam höchstpersönlich mit ihrer Tochter Valerie nach St. Gilgen, um seinen Spuren zu folgen, und die Erzherzogin huldigte ihm mit einem längeren Gedicht, das mit den Worten begann: „Heil Dir, Du Edler, dass Du es gesungen, / was unsrer Heimat Wald Dir zugerauscht, / was in der Wellen Murmeln Dir erklungen / und Du der frommen Sage abgelauscht!“ Da sah es auch der Deutsch-Österreichische Alpenverein zusammen mit dem Verschönerungsverein St. Gilgen als eine „Ehrenschuld“ an, dem großen Dichter, der, wie die *Salzburger Chronik* schrieb, den „mannhaft kühnen Sang vom Falkenstein ersonnen hat“, ein „weithin sichtbares Zeichen der Erinnerung zu setzen“. Am 26. August 1888 wurde der „Scheffel-Steig“ zum Falkenstein eröffnet. An der dortigen Felswand hatte man eine meterhohe Inschrift angebracht, dazu kamen ein Denkmal in Form eines Obelisken und ein Aussichtspunkt mit dem Namen „Scheffel-Blick“. Die Presse überschlug sich in Begeisterung über die Eröffnungsfeier, zitiert sei die Literaturzeitschrift *Die Lyra* vom 15. Oktober 1888: „Es schwenkten die Mannen jauchzend die Hüte, und Pöllerknall durchdröhnte die Schluchten … aber auch manche Träne netzte den so geweihten Boden.“ Nüchtern bemerkte dazu Leopold Ziller, der Chronist von St. Gilgen: „Das Wort von den Bergpsalmen blieb im St. Gilgner Revier noch lange Zeit in aller Munde, auch wenn nur die wenigsten Scheffels Werk gelesen hatten.“

St. Gilgen war damals bereits zu einer respektablen Sommerfrische geworden, anders als in jenen frühen Zeiten, als es 1818 den englischen Publizisten Thomas Frognall Dibdin hierher verschlug. Er schimpfte, dies sei ein „elendes Dorf“, in dem nur ein einziges zumutbares Fremdenzimmer aufzutreiben wäre (noch dazu mit einem derart unbequemen Bett, dass er in der Nacht herausgefallen sein soll). 1835 machte auch der amerikanische Schriftsteller Henry Wadsworth Longfellow auf seiner Europareise in St. Gilgen Station. Er logierte in der „Post-Restauration des Franz Schoendorfer“ und war begeistert von der beschaulichen Idylle des Ortes. Er merkte an, „dass dies einer der wenigen Plätze auf der weiten Welt ist, von denen man nur mit Bedauern Abschied nehmen kann“.

Als die Dichterin Marie von Ebner-Eschenbach nach St. Gilgen zur Sommerfrische kam, boten sich ihr mehrere Quartiere zur Auswahl. Sie traf beim ersten Mal aber offenbar die falsche Wahl und vertraute ihrem Tagebuch an, das Seehotel sei „eine Räuberhöhle. Alles ist schlecht, dafür aber teurer als im Sacher." Trotzdem kam sie von ihrem „gesegneten" St. Gilgen nicht so schnell los. Sie wechselte oft ihre Unterkünfte und ließ sich schließlich in dem schönen Haus in der Ischler Straße nieder, an dem bis heute eine Gedenktafel an ihre Aufenthalte erinnert. Zehn Jahre lang fuhr sie immer wieder hierher und wurde in ihrer stattlichen, etwas tantenhaften Erscheinung allmählich sogar zu einer Art Attraktion des Ortes. Sie gab sich gleichsam mit den einfachsten Leuten ab, etwa dem „alten Wastl im Armenhaus", und war vor allem wegen ihrer Spendenfreudigkeit beliebt. Nicht einmal Arrestanten in der Fronfeste waren, wie der Salzburger Heimatforscher Leopold Ziller schreibt, davon ausgenommen, auch ihnen ließ sie gelegentlich eine Kanne mit heißem Tee und Backwerk zukommen.

Marie von Ebner-Eschenbach wäre wohl kaum nach St. Gilgen gekommen, hätte es nicht schon einen Kreis von Sommergästen gegeben, die den Ort mit Begeisterung frequentierten. Der prominenteste unter ihnen war der berühmte Chirurg Theodor von Billroth, ein behäbiger Mann, der sich gerne in der Lederhose und sonstigen ortsüblichen Trachten zeigte, obwohl er von der Insel Rügen in Norddeutschland stammte. In seiner gastfreundlichen Villa verkehrten vor allem musikalische Größen wie Johannes Brahms oder Ignaz Brüll – denn Billroth galt zurecht als hervorragender Pianist und seine Tochter Elsa wurde wegen ihrer schönen Stimme gerühmt.

Auf St. Gilgen war Billroth durch seinen Assistenten Anton von Frisch aufmerksam gemacht worden, dessen Familie unter den Gästen des Ortes einen besonderen Platz einnimmt. Es begann mit den Ehegatten Franz und Charlotte Exner, die erstmals 1842 und dann immer wieder ins Salzkammergut kamen. Ihre vier Söhne wurden später alle gleich dem Vater Universitätsprofessoren. Besonders zu erwähnen ist die Schwester Marie von Exner, die als eine ausnehmend liebenswürdige Person geschildert wird. Als sie 1869 ihren Bruder Adolf in Zürich besuchte, der dort an der Hochschule Römisches Recht lehrte, traf sie auf den Schweizer Dichter Gottfried Keller, der sofort von ihrem Reiz bezaubert gewesen sein soll, wie ihr Sohn Karl von Frisch berichtete. Ganz gegen seine Gewohnheit ließ sich der fix mit Zürich verhaftete Mann von ihr zu einem Besuch des Mondsees überreden, wo sie mit ihren Brüdern Urlaub machte, und verbrachte unvergessliche Tage in der Ortschaft See, die zur Gemeinde St. Gilgen gehört. Dass er sich in sie verliebte, kann man annehmen, und es bedeutete für den äußerlich nicht sehr attraktiven Dichter, dem man auch eine gewisse Neigung zum Alkohol nachsagte, eine Enttäuschung, als sie im Jahre 1874 den Wiener Mediziner Anton von Frisch heiratete. Sein Leben lang schrieb er der einst Verehrten schrullige Briefe („Auf ihr Kindchen freue ich mich, das wird bestimmt ein allerliebstes Tierchen! Wenn es ordentlich genährt wird, so wollen wir's braten und essen!"), konnte sich aber nie mehr zu einem Besuch im Salzkammergut entschließen.

Als Marie von Frisch mit ihren Kindern 1882 ihr Sommerquartier in dem alten Mühlhaus in Brunnwinkl bei St. Gilgen aufschlug, geschah es, dass eines Tages die Müllersfrau zu ihr kam und sie kniefällig ersuchte, das Haus zu kaufen, denn sie und ihr trunksüchtiger Mann konnten die Schulden nicht mehr bedienen. So kam die Mühle in den Besitz der Familie und wurde deren geliebtes Sommerdomizil. Fast alle rundherum gelegenen Häuser wurden im Lauf der Zeit gleichfalls erworben und es entstand eine Ferienkolonie, die ihren Charme bis heute in unvergleichlicher Weise bewahrt hat. Jedem, der vorbeikommt, schlägt das Herz höher beim Anblick der stilvollen Gebäudegruppe. Hier konnten sich die Söhne der Marie von Frisch austoben, schwimmen, segeln, wandern, Abenteuer erleben und Unfug treiben, und am Abend sich immer wieder vereinen zu musikalischen Soireen, etwa wenn sie in der Gegenwart von Billroth das Andante aus einem Haydnquartett aufführten. Alle vier Söhne brachten es im Leben zu geachteten Positionen, den größten Ruhm erntete freilich der jüngste, Karl von Frisch, als er für die Erforschung der Bienensprache 1973 den Nobelpreis erhielt.

Ein großes Verdienst kommt der Familie von Frisch im lokalen Rahmen zu, weil sie verhinderte, dass der Brunnwinkl und der anschließende Bereich bis zum Falkenstein durch eine Autostraße zerstört wurden: Im Jahr 1902 drängte man besonders in St. Wolfgang auf den Bau, da es sich, wie man argumentierte, um ein für den Tourismus lebensnotwendiges Projekt handle. Merkwürdigerweise war man in St. Gilgen dagegen mit dem bemerkenswerten Argument, „die Straße würde eine Ablenkung des Fremdenverkehrs herbeiführen" (*Linzer Tagespost* vom 23. September 1902), mit anderen Worten: Man fürchtete, dass nur die Konkurrenz in St. Wolfgang davon profitieren würde. 1916 war hingegen der Bürgermeister von St. Gilgen „mit allen Mitteln" dahinter, dass der Bau zustande käme. Es standen ihm dazumal ja auch billige Arbeitskräfte zur Verfügung – die russischen Kriegsgefangenen! Anton von Frisch gelang es allerdings durch geschickte Interventionen den Straßenbau zu verhindern und so die einzigartige Landschaft am Nordufer des Sees zu erhalten.

Die Bewohner des Brunnwinkls zeigten, mit wie viel Stil man damals die Sommerfrische genoss. Es gab am Wolfgangsee noch andere Beispiele, etwa die Familie Sobotka, die in Wien eine Malzfabrik betrieb und den „Kathreiner-Malzkaffee" produzierte. Sie besaß in Strobl das sogenannte Bürglgut, eine Gruppe herrschaftlicher Villen, die sie im Sommer mit ihren neun Kindern bewohnte. Der Fabrikchef war, wie sein Sohn berichtete, „glücklich in Strobl, vor allem wenn er mit den Bewohnern zusammentraf, und am Mittagstisch erzählte er von seinen Gesprächen, die er, ohne Unterschied zu machen, mit dem Bürgermeister oder dem Postboten, einer Dame aus aristokratischen Kreisen, einem Bettler, oder die er mit seinen Freunden bei Kartenspiel geführt hatte". Die Gemeinde erhielt von ihm wiederholt Zuwendungen, und so wurde er nicht nur in Strobl, sondern auch in St. Wolfgang Ehrenbürger.

Doch finden sich neben solcher Liebenswürdigkeit gleichsam andere Aspekte: Zwischen den reichen Sommerfrischlern und der einheimischen Bevölkerung, die noch in der Zwischenkriegszeit ein ärmliches Leben fristete, bestand eine unüberbrückbare soziale Kluft, zumal wenn jene ein elitäres Gehaben an den Tag legten, das von den Leuten als „arrogant" betrachtet wurde. Mitunter tauchten unter den Gästen auch recht obskure Typen auf, die eher unangenehmes Aufsehen erregten.

In Gschwendt, am Südufer des Sees, genau gegenüber von St. Wolfgang, besaß ein Dr. Julius Koritschoner eine exklusive Villa, genannt „Artaria". Er hatte nach dem Ersten Weltkrieg die Firma Montana AG gegründet, zu der eine Reihe österreichischer Bergbaubetriebe gehörte, und dadurch geradezu blitzartig märchenhafte Reichtümer erworben, sodass er zeitweise als einer der reichsten Männer Wiens galt. Von seiner zweiten Gattin Frieda Frank-Koritschoner hieß es, sie habe in Wien und St. Wolfgang „einen Kreis künstlerischer Adelsmenschen" um sich gesammelt (Nachruf in *Die Stunde* vom 28. Juni 1927). In Wahrheit war die Villa Koritschoner der Treffpunkt einer eher dekadenten „Wiener Kaffeehausliteraturszene", die sich dort unter der Führung der schwer rauschgiftsüchtigen Hausbesitzerin und ihres ebenso dem Morphium verfallenen Gatten den Sommer über ein rauschendes Stelldichein gab. Es kam zu den verrücktesten Szenen, etwa als das Gastgeberpaar eines Tages plötzlich spurlos verschwand und sich erst nach drei Tagen bei den ratlos zurückgebliebenen Gästen blicken ließ, ohne auch nur ein Wort der Entschuldigung zu verlieren. Die auch nicht gerade prüde Schriftstellerin Gina Kaus vermutete die Ursache dieser Abwesenheit darin, dass ihnen das Rauschgift ausgegangen war und sie sich in Wien Nachschub besorgen mussten. Zu nennen wäre da auch das Erlebnis eines St. Wolfganger Handwerkers, der wegen eines Auftrages in die

Villa beordert wurde. Frieda Koritschoner kam ihm nackt entgegen und besprach, so mit ihm im Garten auf und ab gehend, die vorgesehene Arbeit. „Es stört Sie doch nicht, dass ich nackt bin", habe sie gesagt, so erzählte er später, und es sei ihm nichts übrig geblieben, als beflissen zu beteuern: „Aber na, gnädige Frau, überhaupt net!" Das Ehepaar ließ sich bald scheiden. Frieda, welcher der Sommersitz zugesprochen wurde, verstarb 1927 qualvoll an einer Blutvergiftung, weil sie ihre Injektionsnadel nicht desinfiziert hatte, während sich ihr geschiedener Gatte, dem sein Reichtum durch Fehlspekulationen so schnell zerronnen war, wie er ihn angehäuft hatte, in Istanbul, wohin er vor der Polizei geflüchtet war, eine Kugel in den Kopf jagte. Die „Villa Artaria" aber bekam kurz darauf einen neuen Hausherren: den berühmten Theater- und Filmschauspieler Emil Jannings.

Damit avancierte die Villa zu einer regelrechten Residenz, denn Jannings trat auf „wie ein Renaissancefürst in seinem Castello" (Carl Zuckmayer). In Hollywood hatte man ihn als besten Hauptdarsteller mit dem ersten Oscar der Filmgeschichte überhaupt ausgezeichnet. Nach der Rückkehr nach Europa hielt man ihn für den populärsten Mann aus den Vereinigten Staaten und den größten lebenden Künstler der Bühne. In dem Haus, das er 1929 erwarb, fühlte er sich glücklich, empfing Journalisten aus aller Welt und spielte vor ungezählten Gästen wie Carl Zuckmayer, Kurt Tucholsky, Max Reinhardt oder Greta Garbo den feudalen Gastgeber. Am Wolfgangsee lag ihm natürlich alles zu Füßen, gar als er darauf bestand, dass der geplante Film *Liebling der Götter* (1960) zum Teil in St. Wolfgang mit einheimischer Komparserie gedreht werden sollte. Den Inhalt bildete eine Art Selbstdarstellung des berühmten Stars: Ein Bühnenheld verliert zeitweise seine Stimme und erhält sie erst wieder, als er in der Welt der Alpen und am See eine neue Heimat findet. Für das Werk wurde enormer Aufwand betrieben; in einer Szene war der ganze Marktplatz für einen „St. Wolfganger Jungfrauenbund" dekoriert. Der Pfarrer war darüber weniger amüsiert und notierte in der Pfarrchronik: „Welche Abgeschmacktheit! Man erkannte sofort, dass diese Spielleiter die Volksseele schlecht kannten und nur Fehlgriffe machten!"

Emil Jannings war ein Koloss von einem Mann, eine dralle körperliche Erscheinung. In seiner Villa ging es entsprechend heftig zu, vor allem, wenn der Alkohol in Strömen geflossen war und „derbe Schimpfworte und Unflätigkeiten nur so aus ihm heraussprudelten" (Christian Kloyber/Christian Wasmeier). Sein Geltungsbedürfnis war enorm, dies zeigte sich in seinen Gagenforderungen und in der Art, wie er keinen anderen Schauspieler neben sich aufkommen ließ. Diese Einstellung blieb ihm auch während der Zeit des „Dritten Reiches" erhalten: Er ließ sich willig von der Politik einspannen und von der gleichgeschalteten Presse bejubeln, etwa, wenn ihn das *Wiener Tagblatt* am 12. Oktober 1939 als „Gigant der Menschendarstellung" und als „Kämpfer für die Weltgeltung des deutschen Filmschaffens" feierte. Oder wenn ihn Reichspropagandaminister Joseph Goebbels höchstpersönlich in seiner Villa mit einem Besuch beehrte.

Sein Opportunismus – er kam besonders in dem Nazi-Propagandafilm *Ohm Krüger* zum Ausdruck – rächte sich bitter. Nach 1945 erhielt Jannings Berufsverbot, es kamen keine besonderen Angebote für Film und Theater mehr, der Schauspieler wurde gemieden und überdies war sein Körper durch Fresssucht und üppigen Alkoholgenuss geschwächt, sodass er einsam und verbittert am 2. Jänner 1950 im sechsundsechzigsten Lebensjahr starb. Er wurde am Friedhof von St. Wolfgang begraben, und der Spruch, den sich der „Götterliebling" auf den Grabstein setzen ließ, stimmt nachdenklich: „Alles geben die Götter, die unendlichen, ihren Lieblingen ganz, alle Freuden, die unendlichen, alle Schmerzen, die unendlichen, ganz".

Ein paar Kilometer westlich des Hauses, in dem Emil Jannings Hof hielt, befand sich das Reich der Maler, die nicht so nobel lebten, aber mit viel lässigem Frohsinn ein ländliches Quartier genossen. „Der Bauernhof als Künstlerklause“, so textete das *Neue Wiener Journal* am 19. August 1932: „Eine neue österreichische Schule bildet sich heraus, bodenständig und dabei nicht provinziell“. Von einem „österreichischen Worpswede“ war die Rede – angelehnt an die bekannte Künstlerkolonie, die sich im Teufelsmoor in Niedersachsen gebildet hatte. Das Refugium am Wolfgangsee, der breit auf der flachen Halbinsel Zinkenbach hingelagerte Hof des Adambauern, war vermutlich zuerst Arpad Weixlgärtner, dem Direktor der Gemäldesammlung des Wiener Kunsthistorischen Museums, aufgefallen, doch spricht einiges dafür, dass sich auch vor ihm schon Künstler dort aufgehalten haben. Jedenfalls machte Weixlgärtner den Chef der Wiener Sezession, Ferdinand Kitt, auf den Ort aufmerksam, und dieser kam 1926 mit Frau und Kindern dorthin. Er war ein geselliger Mensch mit vielen Verbindungen, der bald eine ganze Schar von Künstlern in Abersee, wie die Gegend auch genannt wurde, um sich versammelte. Dabei interessierte ihn weder die ideologische Einstellung noch ihre künstlerische Ausrichtung, es war ein zwangloser Zirkel verschiedenartiger Persönlichkeiten, in dem man nichts anderes anstrebte als ein Zusammensein in Freundschaft und künstlerischer Anregung. Betrachtet man ihre Werke, so wird man weder plumpen Historismus oder Naturalismus noch abstrakte Kunst finden. Es überwiegt heller, freundlicher Expressionismus in anmutigen Landschaftsdarstellungen, in Porträts oder in Kinderbildern, wie es eben der heiteren Gemütsart der Sommerkolonie entsprach. Das äußerte sich nicht nur in ihren Bildern, sondern auch im sogenannten Blödelalbum, in dem sich die Künstler übereinander lustig machten, und in fröhlichen Aktionen, die von ihnen überliefert sind, etwa wenn sie während eines Winteraufenthaltes verkleidet auf Schlitten durch St. Gilgen fuhren.

Die damalige Zeit, die späten 1930er Jahre, waren allerdings für eine unbeschwerte Harmonie, wie sie Kitt vorschwebte, nicht günstig. Brüche taten sich auf, Leute mit differenzierter Weltanschauung näherten sich dem Zinkenbacher Kreis: Da tauchte etwa ein Kunsthistoriker namens Kajetan Mühlmann auf, der bei der Organisation der Salzburger Festspiele tätig war. Es handelte sich um einen verkappten Nationalsozialisten, der später als international tätiger Kunsträuber Karriere machte. Einen Gegenpol bildete Ernst Toller, ein linkssozialistischer Revolutionär, der wegen Beteiligung an der Münchner Räterepublik viereinhalb Jahre im Gefängnis gesessen hatte und dann aus Deutschland geflüchtet war. Mit Ernst August von Mandelsloh, einem langjährigen Mitglied des Künstlerkreises und Sympathisanten der Nationalsozialisten, lieferte er sich zeitweise heftige Debatten.

So ist es nicht verwunderlich, dass das „Malschiff“, wie Kitt seinen Zinkenbacher Kreis nannte, nach dem „Anschluss“ Österreichs an das Deutsche Reich im Jahr 1938 schnell auf Grund ging. Eine ganze Reihe der Protagonisten musste ins Ausland flüchten, andere waren bestrebt, sich mit dem Regime, so gut es ging, zu arrangieren. Mit dem Künstlersommer am Wolfgangsee war es jedenfalls vorbei, nur Kitt blieb der Landschaft treu; er baute später dort ein Haus und wohnte ständig am See bis zu seinem Ableben. Sein Großneffe hält heute sein Andenken hoch – er hat in St. Wolfgang eine beachtliche Sammlung von Werken Ferdinand Kitts aufgebaut.

Noch einer, der dem Kitt-Kreis nicht unmittelbar angehörte, ihm aber nahestand, verblieb in St. Gilgen: Alfred Gerstenbrand, ein Maler, Grafiker und Schriftsteller, der sich mit Erfolg in vielen Stilen und in vielen Metiers versuchte. Er porträtierte die Ortsbewohner einerseits in großartigen Ölbildern und karikierte sie andererseits in boshaften, immer aber liebenswerten Zeichnungen; er geißelte vor allem in der Zeitschrift *Muskete* die Zustände in Politik und Gesellschaft („I sog, sie soll'n wieder an Kaiser nehmen, dümmer kann er's a net machen wie dö, was jetztn ob'n san!“) und er schrieb, häufig zusammen mit seinem Freund Mirko Jelusich, Bücher wie *Soldaten, Künstler, Leut' und Herrschaften*. Dabei war der „Gerstl" aber ein Weltbürger, der jeden Sommer aufbrach, um in den Vereinigten Staaten, in Wyoming, seiner Leidenschaft für das Reiten zu frönen. Dort erwarb er sich exzellente Sprachkenntnisse, die ihn befähigten, nach dem Zusammenbruch der NS-Herrschaft mit den vorrückenden Amerikanern Verbindung aufzunehmen, womit er eine Beschießung des Ortes verhinderte. Dieser großartige, vielseitige und ungemein liebenswürdige Künstler starb im Jahr 1977 und liegt – wo sonst? – am Friedhof seiner geliebten Wahlheimat St. Gilgen begraben.

Wie schon erwähnt, fühlten sich auch Literaten und Musiker vom Zinkenbacher Kreis angezogen und statteten dort gelegentlich Besuche ab. Einer der prominentesten war ein soignierter Herr, der mit dem Boot aus St. Wolfgang kam: Alexander Lernet-Holenia. Er trat mit aristokratischem Gehabe auf und war im Ort der „Herr Baron", obwohl ihm dieser Titel nicht zukam. Als Schriftsteller war er große Klasse. Sein Roman *Die Standarte* ist schlechthin das Epos des Untergangs der Donaumonarchie und des Untergangs der überkommenen Werte, die Geschichte eines Fähnrichs, der die Standarte seines Regiments, das geradezu sakrosankte Symbol, aus der letzten Schlacht rettet, sie bis Wien führt und dort erleben muss, dass sich niemand mehr dafür interessiert: „Unzählige waren wohl schon gefallen um dieser Standarte willen, aber nun fand sich nicht einmal irgendwer, der sie genommen hätte." Von diesen überkommenen Werten konnte sich Lernet-Holenia selber nie lösen. Er wurde als „k. u. k. Schriftsteller" bezeichnet, war er doch selber, worauf viele Indizien hinweisen, ein Spross des Hauses Habsburg – wenn auch ein unehelicher und einer, der sich nie genug davon distanzieren konnte. Seine Mutter entstammte einer Familie, die sich in Kärnten mit Blei- und Zinkbergbau befasste. Sie hatte, bereits bevor ihr Sohn zur Welt kam, in St. Wolfgang eine bescheidene, hübsche Villa erworben, doch dauerte es noch geraume Zeit, bis dieses Haus zum zweiten Wohnsitz des Dichters wurde. In seiner Jugend hielt er sich viel in Bleiberg auf, wo das Familienunternehmen mit seinen „in den Fels gehauenen Klüften, Stollen und Grüften das große Faszinosum des Knaben" bildete. Von daher kommt wohl das spätere Bestreben, „bei seinen Streifzügen im Gelände um St. Wolfgang systematisch nach Höhlen, Grotten oder überhängenden Felsen zu suchen" (Roman Roček). In der Erzählung *Strahlenheim* etwa steigt der Erzähler in die Höhle am Falkenstein ein, die, wie zu vermuten war, der heilige Wolfgang bewohnt hatte, und wird von panischer Angst befallen, weil hinter ihm ein Hund dasselbe unternommen und plötzlich ohrenbetäubend zu heulen begonnen hatte. Diese Neigung zu düsteren, mystisch anmutenden Gängen veranlasste Lernet-Holenia wohl auch dazu, jährlich am Weihnachtsabend die sogenannten Turmbläser über finstere Räumlichkeiten hinauf auf den Kirchturm zu begleiten, wo diese ihre Christnachtlieder ertönen ließen. Wer aber meint, er sei ein schwermütiger Esoteriker gewesen, der mag in Roman Ročeks Biographie nachlesen, wie er, etwa in den 1930er Jahren, zusammen mit seinem Freund Leo Perutz, „von einem Flor junger Damen umringt", im Strandbad „seine Kraftlackeleien im See und zu Lande" vorführte und die beiden bestrebt waren, „einander die jeweiligen Favoritinnen auszuspannen". Es ist überliefert, dass damals die Jugend des Ortes ermahnt wurde, sich nicht mit der lockeren Gesellschaft um den „Herrn Baron" abzugeben.

Mit zunehmendem Alter trat freilich immer mehr des Dichters Skurrilität und Streitlust zutage. Er, der nie einem Konflikt aus dem Weg gegangen war, legte sich nicht nur mit einer Reihe von Kollegen aus der schriftstellerischen Zunft an, seine Schlagfertigkeit nutzte er im Sinn des Wortes auch im örtlichen Bereich, um etwa Kinder auf ungehöriges Benehmen aufmerksam zu machen oder um andere Verkehrsteilnehmer wegen widrigen Verhaltens zu beanstanden. Dazu kam laufender Ärger über einen Hotelneubau in unmittelbarer Nähe seines Hauses, der ihn immer wieder zu entsprechenden Reaktionen, passenden und unpassenden, veranlasste. So kommt es, dass er im örtlichen Gedächtnis hauptsächlich wegen solcher Querelen fortlebt und nicht wegen seines Ranges als Literat, der den Kritiker Hans Weigel 1948 zu folgendem Ausspruch veranlasste: „Die österreichische Literatur besteht derzeit nur aus zwei Autoren, aus dem Lernet und dem Holenia."

Dass die Schriftstellerin und Journalistin Hilde Spiel einst ausgerechnet in der unmittelbaren Nachbarschaft zum Grundstück Lernet-Holenias ein Haus erwerben konnte, war reiner Zufall. Sie hatte es im Jahr 1955 gekauft und fühlte sich in dem Marktflecken von „unsäglichem Reiz" in der „idyllisch romantischen Landschaft" geborgen: in „einer so paradiesischen Lust, wie sie auf Erden nur möglich sein kann". Für die Frau, die als Österreicherin aufgewachsen und – von der politischen Entwicklung in der Heimat abgestoßen – nach England emigriert war, und die nach dem Zweiten Weltkrieg – nach einem Zwischenspiel in Berlin – nach Österreich zurückgefunden hatte, lautete die Frage ihres Lebens: „Welche Welt ist meine Welt?" Und doch haderte sie bald mit der Entwicklung des Ortes, als sie beobachtete, wie er vom Massentourismus eingenommen und baulich in mancher Hinsicht verunstaltet wurde. Gar als der Nachbar Lernet-Holenia und seine Gattin verstorben waren und der Erbe in wenig pietätvoller Weise deren parkartiges Grundstück mit Zweitwohnungshäusern verbauen ließ, war ihr der Aufenthalt in St. Wolfgang verleidet. Sie verkaufte den Besitz und kam nie wieder zurück.

Ihr gastliches Haus hatte eine Unzahl von Literaten angezogen. Thomas Bernhard war ständiger Gast, Heimito von Doderer, Marcel Reich-Ranicki, André Heller und viele andere namhafte Persönlichkeiten fanden sich hier immer wieder ein. Wenn es um Geselligkeit ging, traf man sich auch in der Konditorei Wallner oder im gemütlichen Furian-Stüberl, wo etwa Lernet-Holenia der Wirtin Anna Furian, geborener Kurz, folgendes launige Gedicht widmete: „Wo, bei all der Plage kommt noch Freude her? / Wo, wenn ich verzage, tröstlicher Likör? / Wohin geh i, wann i / nimmer weiter kann? / Kurz und gut zu Anny / Kurz und Furian!" Blättert man im dortigen Gästebuch, dann wird man allerdings weniger Literaten finden – an erster Stelle steht die österreichische Filmprominenz, diese aber in gedrängter Fülle: Annie Rosar, Franz Antel, Marika Rökk und unzählige andere, nicht zuletzt das Traumpaar vom Weißen Rössl, Waltraut Haas und Peter Alexander, der dem Furian-Team zurief: „Bleibt immer so und seid nicht anders – das wünschen Ihre Alexanders!" Zu diesen Gästen zählte auch der vorhin schon erwähnte Leo Perutz, den Friedrich Torberg einen „Meister des phantastischen Romans" nannte. Er war gelernter Versicherungsmathematiker und hatte als Schriftsteller in der Zwischenkriegszeit beachtliche Erfolge erzielt. Im Jahr 1938 musste er nach Israel auswandern, kehrte aber ab 1950 wiederholt nach Österreich zurück und verbrachte die Sommermonate häufig in St. Wolfgang, wo er 1957 bei einem Besuch im Hause Lernet-Holenias einen tödlichen Herzinfarkt erlitt.

Leo Perutz zählte zur Schicht der jüdischen Gäste, die am Wolfgangsee wie im ganzen Salzkammergut stark vertreten waren. Sie liebten und lobten die Gegend – manches Meisterwerk hat hier Ursprung und den Schauplatz zum Inhalt. Dabei waren sie schon in der Kaiserzeit in diversen Kreisen nicht willkommen. Und wer in die damalige lokale Presse blickt, der findet manch unglaubliche Fake-News, welche gegen die Juden in geradezu absurder Weise polemisierten: Etwa, wenn die *St. Pöltener Zeitung* am 18. November 1892 berichtete, man müsse den Raum vor dem Pacher-Altar in St. Wolfgang sorgfältig verschließen, „weil, wie mehrmals bestimmt behauptet wird, mehrmals Juden sich unverschämt vorwärts gedrängt haben, den Altartisch als Sitzbank benützend und Cigarren rauchend!" Auch die Pfarrchronik von St. Wolfgang ist nicht frei von antisemitischen Ausfällen, darin heißt es 1920: „Der Einfluss der jüdischen Sommergäste auf Glaube und Sitte der Einheimischen ist bedauernswert schlecht. Zum Kirchenbesuch haben die Leute kaum mehr Zeit. Sie bedienen die Juden statt Gott und hoffen, so besser zu fahren."

Die Saat, die damals gestreut wurde, ging nach 1938 in ungeahnt schrecklicher Weise auf. Schon im Juli dieses Jahres erließ der Strobler Bürgermeister eine Verfügung, in der es hieß: „Jüdische Sommergäste und Besucher sind in Strobl unerwünscht. Den Juden ist die Benützung aller öffentlichen Anlagen, der Bäder und aller ähnlichen Einrichtungen im Gemeindegebiet von Strobl ausnahmslos verboten." Bereits zuvor war ihnen das Tragen von „Lederhosen, Joppen, Dirndlkleidern und weißen Wadenstutzen" untersagt worden. Bei einer Demonstration von NSDAP-Mitgliedern wurden in der Villa des Emil Isakiewicz die Fenster eingeschlagen, worauf ihm der Bürgermeister wissen ließ, es sei eben ein Risiko für einen Juden, nach Strobl zu kommen. Der einundsiebzig Jahre alte Sägewerks- und Gasthausbesitzer Otto Weißberger wurde nach Auschwitz deportiert und dort ermordet. Das Ehepaar Roman und Elisabeth Franzmaier, das sich zu den Zeugen Jehovas bekannte, kam ebenfalls in Konzentrationslagern um, ebenso verschwanden Menschen mit geistiger Behinderung oder solche, die sich abfällig über Krieg und Nationalsozialismus geäußert hatten. Im Strobler Heimatbuch sind die Fälle detailliert notiert, für St. Gilgen und St. Wolfgang fehlen leider noch solche Angaben.

Wie aus einem Schriftstück hervorgeht, war „um die wenigen in St. Gilgen zur Verfügung stehenden Villen ein ungeheurer Kampf entbrannt"; führende Nationalsozialisten stritten sich um das „schöne Arisierungsgut". Hans Loritz, Lager-Kommandant in Dachau, ließ die Villa, die er ergattert hatte, von Häftlingen (Zeugen Jehovas) ausbauen, sodass von einem kleinen KZ in St. Gilgen die Rede war. In St. Wolfgang wurden elf solcher Besitzungen enteignet.

Auf der anderen Seite stand frenetischer Jubel, als 1938 das Land dem Deutschen Reich eingegliedert wurde: ein Jubel, der sich nach wenigen Jahren verflüchtigte, als der Krieg immer brutaler in das Leben der Menschen eingriff. Da half es nicht, wenn Ende 1943 ein SA-Standartenführer als Redner im Strobler Kinosaal versicherte, „dass unser Volk niemals besiegt werden könne, solange Adolf Hitler an der Spitze steht". Eineinhalb Jahre später war das von den meisten erwünschte Ende da, eine neue Zeit begann, wobei die Ereignisse dieser Jahre für immer als dunkle Flecken in der Geschichte des Salzkammergutes haften bleiben.

„Arisiert", wie es damals hieß, hatte man in Strobl auch eine Villa, welche 1924 der jüdische Bankier Otto Deutsch mit seiner Gattin gekauft und in ein geschmackvolles, nobles Landhaus umgebaut hatte, wobei besonderer Wert auf die herrschaftliche Gestaltung der vor dem Haus befindlichen Wiesenfläche gelegt wurde. 1938 wurde ihnen das alles weggenommen, und der „Bund Deutscher Mädel" zog ein. 1948 verkaufte die Familie Deutsch die Villa, die ihr zwischenzeitlich zurückerstattet worden war; seither erfolgten verschiedene Nutzungen, bis sie in den Besitz der Gemeinde Strobl gelangte. Da nun trat eine engagierte Gruppe auf den Plan und konnte erreichen, dass ihr der Bau als Stätte der Pflege und Präsentation zeitgenössischer Kunst zur Verfügung gestellt wurde. Zwar betonte der Bürgermeister, ein einfacher Mann bäuerlicher Herkunft, er verstehe von alledem überhaupt nichts, doch war er durchaus aufgeschlossen, was man ihm nicht hoch genug anrechnen kann. Seither ist die Deutschvilla eine anerkannte und weitum bekannte Stätte künstlerischer Betriebsamkeit. Selbst dem „Widerstand" wurde hier schon eine Ausstellung gewidmet, vornehmlich dem Widerstand gegen den Nationalsozialismus, der gerade im Salzkammergut Aktivitäten entwickelte wie kaum sonst wo in damaligen deutschen Landen. Auch ein Strobler, Karl Gitzoler, muss ihm zugerechnet werden. Und so bildet sich durch solches Gedenken und solche zukunftweisenden Bestrebungen ein Widerpart zu dem, was in der Vergangenheit auch hier gefehlt wurde.

Die Flanken des Berges

Fotos:

S. 91: Wäre da nicht die laute Straße, welche über den Scharflingpass Mondsee und Wolfgangsee verbindet – man könnte meinen, am kleinen Krotensee bei St. Gilgen fände sich nur stille, einsame Natur. Hier lässt sich ein kleines Naturjuwel bewundern, auch bei Regenwetter.

vorangehende Doppelseite: Auf der Moosalm, an der Nordflanke des Schafberges. Im späten November haben die Laubbäume ihr farbenprächtiges herbstliches Blätterkleid bereits abgelegt. Bevor der Schnee alles zudeckt, dominieren nun zarte Pastellfarben, gepaart mit duftigen weißen Schleiern aus erstem Raureif.

links: In kaltes Morgenlicht getaucht: der tiefe, dunkle, seinem Namen alle Ehre machende Schwarzensee.

rechts: Der Mönichsee an der Ostflanke des Schafberges ist nicht leicht zu erreichen, denn fast 800 Höhenmeter müssen von St. Wolfgang herauf zu Fuß überwunden werden. Auf Höhe der Vormaueralm lässt sich dann nach kurzer Querung der winzige, tiefe Dolinensee mit seinem steilen, dicht bewachsenen Ufer entdecken.

Unter der Obhut der mächtigen Felswände breiten sich an der Nordseite des Schafberges weitläufige Almböden aus: immer schon beliebte Ausflugsziele, heute auch Sehnsuchtsorte der Muße, Erholung, und der freundlich kredenzten Gustostückerl alpenländischer Kulinarik.
Im Bild die Eisenauer Alm.

In der Haleswies – ein Talboden abseits der beliebten, stark frequentierten Wanderrouten. In einer Geländesenke findet sich hier ein kleiner See, der sich periodisch zur Schneeschmelze und nach Starkniederschlägen rasch auffüllt und nach kurzer Zeit wie von Zauberhand nahezu entleert. Einen Besuch ist dieser mystische, einsame Ort allemal wert, zumal der moorige Boden extremen Artenreichtum in Flora und Fauna zu bieten hat.

Gegen den Wolfgangsee zu fällt der Schafberg in einer breiten schiefen Ebene ab, gegen Mondsee und Attersee zeigt er einen schroffen, fast unheimlichen Absturz. Was aber liegt zwischen diesen beiden Schauseiten an den Flanken des berühmten Berges? Da breiten sich rechts und links weniger bekannte, doch ebenfalls bemerkenswerte Landschaften aus, gekennzeichnet durch Seen, Wälder, Almen und eine Fülle einsamer Anhöhen.

Der größte dieser Seen ist der östlich gelegene Schwarzensee, der schon zur Kaiserzeit ein beliebtes Ausflugziel der Ischler Sommergäste war. „Nehmt Euren Wanderstab zur Hand, schnürt Euer Bündel und pilgert hin zu den einsamen Gestaden des Schwarzensee's!", forderte das *Ischler Wochenblatt* am 21. September 1879 das Badepublikum auf. „Ziehet in diese idyllische Einöd und schöpfet … Ruhe und Frieden aus dem tiefen Grund des Sees!" Dabei ist dieser auch in die Literaturgeschichte eingegangen, nämlich durch Nikolaus Lenau, den allerdings der Schwarzensee zu nachtschwarzen Gedanken anregte:

„Sehr ernst ist hier die Welt
und stumm in sich versunken,
als wär' ihr letzter Laut
im finstern See ertrunken."

Ursache seiner düsteren Stimmung war die ebenso unermessliche wie unglückliche Liebe zu Sophie von Löwenthal, der Gattin des österreichischen Generalpostdirektors. Kaum war diese zur Sommerfrische nach Ischl abgereist, kam ihr Lenau schon nach, machte lange Wanderungen und ergab sich in Gedichten seinem Schmerz. Namentlich am Schwarzensee kam er davon nicht los:

„Sehr ernst ist hier die Welt
und mahnt, das Erdenweh,
des Herzens letzten Wunsch,
zu werfen in den See."

Er schildert dann, wie sich der Sturm erhebt und wie dieser sein Herz noch mehr verfinstert. Schließlich zieht er resignierend den Schluss:

„Doch willst in diesem See
die Liebe du ertränken,
so musst du selber dich
in seine Fluten senken!"

Von solch unheilvollem Sinnieren wurden die meisten der seinerzeitigen Sommergäste nicht gequält. „Mit Vergnügen erinnert sich jeder Theilnehmer an die Unterhaltung, die jedes Jahr am Schwarzensee veranstaltet wurde, und zu der jeder Badegast geladen war. … Allgemeine Heiterkeit würzte das gastliche Mahl", berichtete die *Österreichische Gesundheitszeitung* am 5. Dezember 1836 und vergaß nicht zu erwähnen, dass man sich „in offenen Stühlen" zum See hinauftragen lassen konnte. (Kaiserin Elisabeth wurde übrigens von vier Sesselträgern hierher begleitet, doch ging sie das Meiste, wie berichtet wird, ohnehin zu Fuß.) Dr. Franz Wirer von Rettenbach, der rührige Begründer des Badeortes Ischl, hatte das alles arrangiert, mit seinem Namen ist der romantische Abstieg vom See in Richtung Schwarzenbach benannt, der „Wirersteig", an dem der Wanderer kaum Zeit gewinnt, „um die wechselnden Eindrücke zu erfassen, die sich ihm bei jedem Schritte aufdringen", wie es in der *Gesundheitszeitung* weiter heißt.

Wenn es heute auch zwei ordentliche Gaststätten gibt, so ist doch der See kein Tummelplatz des lärmenden Massentourismus, er gehört vornehmlich den Wanderern. Sie können ihn auf weitgehend ebenen Wegen umrunden. Von jeder Seite zeigt er ein anderes Gesicht, immer wieder eine eigene Färbung, und der Blick auf die vielen Anhöhen und Berge ist nicht ohne Reiz, etwa wenn man bemerkt, wie der Schafberg nur mit seiner allerhöchsten Spitze in das Becken des Sees hineinlugt. Nach Norden geht es hinaus in eine noch viel urtümlichere Landschaft, das sogenannte Moos, das sich ohne große Steigung eine schwache Stunde lang hinzieht bis zu jener Stelle, an der es jäh zum Attersee hinunterfällt. Hier erlebt man weniger die Dramatik der Bergwelt als ihre Beschaulichkeit, vor allem, wenn man sich für die Floristik interessiert, denn es handelt sich um ausgedehnte Hoch- und Niedermoore mit unglaublich vielfältiger Vegetation, durchsetzt mit einer Fülle von Almen.

„Träumerische Stille liegt über diesem Erdenwinkel", schrieb das *Ischler Wochenblatt* am 3. Juli 1881, „die nur das grüßende Jauchzen der Sennerinnen unterbricht, als sie unser, zu Thal steigend, ansichtig werden." Die Sennerinnen waren damals ja eine der Hauptattraktionen des Gebirges und ihr „Jauchzen" wurde immer wieder als die typische Geräuschkulisse der Almgebiete hervorgehoben. In den Hütten gab es Milch und Käse und bot sich häufig ein einfaches Nachtquartier, allerdings nicht bloß für die damaligen Touristen, sondern auch für die Liebsten der Almdirnen, wie es etwa der frühe Reiseschriftsteller Joseph August Schultes 1817 erlebte, als um zwei Uhr früh ein kräftig gebauter Holzknecht an die Hüttentür klopfte. In der Folge schreibt Schultes, er habe Szenen beobachten können, „wie sie kein Dichter üppiger und derber mahlen kann" und wie wir sie „durch die offenen Fugen unseres Verschlages sehen mussten". Kein Wunder, dass die Obrigkeit in St. Gilgen vorschrieb, „Sennerinnen sollten vom Vicar bezüglich Alter und Aussehen begutachtet werden, und nur dann, wenn sie keine Gefahr für die Bauernburschen darstellten, einen Erlaubnisschein für den Dienst auf der Alm erhalten." Die sogenannten Winkeltänze, die immer wieder in den Hütten stattfanden, waren ja das ständige Ärgernis für die Geistlichkeit.

Ob es heute noch dort oben so sündhaft zugeht, darüber schweigt natürlich die Statistik. Die Almen sind in erster Linie landwirtschaftliche Betriebsstätten und ihre Bewirtschaftung ist mit viel Arbeit verbunden, wenngleich diese mittlerweile eine merkliche Wandlung erfahren hat. Die Sennerinnen, die seinerzeit die Almen belebten, deren Dienst aber meist gar nicht so lustig, sondern hart und entbehrungsreich war, sind selten geworden. Die meisten Almen sind durch befahrbare Wege erschlossen, der Bauer kann also Nachschaubehirtung betreiben, das heißt, er kommt in längeren oder kürzeren Abständen vom Heimgut hinauf, hält Nachschau und betreut die Tiere, bei denen es sich zumeist um Jungvieh handelt. Einige Hütten sind vermietet, etliche werden als Jausenstationen betrieben. Über allem aber schwebt immer noch der viel beschriebene Almfriede, der den Besucher Abstand gewinnen lässt von allem, was ihn im Alltag zu bedrängen vermag.

Noch mehr Abstand von allem, selbst vom Tourismus, kann man im nächsten Tal, der Haleswies, und beim nächsten See, dem Haleswiessee, gewinnen, denn dorthin verirrt sich kaum jemand. Es handelt sich, wie die Geologen sagen, um eine Polje, also um ein ebenes, von Hängen rundum eingefasstes Becken, das unterirdisch entwässert wird. Während das Buch von den *Oberösterreichischen Almen* von einem „reizvollen Wandergebiet" spricht, vermerkte Guido Müller, der 1972 als Erster diese Landschaft einer genaueren Betrachtung unterzogen hatte, mit Verwunderung, dass man in den Fremdenverkehrsprospekten vergebens auch nur den kleinsten Hinweis auf diesen See und sein Gebiet suche. Dabei steckt der ganze Bereich voller Merkwürdigkeiten.

Der See ist normalerweise nicht größer als ein Hektar, im Durchschnitt eineinhalb Meter tief, sein Wasser fließt in einem Sinkloch, einer Schwinde, ab. Versuche mit einem Farbmittel ergaben, dass es von hier in kilometerweite Entfernung unterirdisch zum Äußeren Weißenbach rinnt und dort, somit in der Nähe des Attersees, zutage tritt. Bei stärkeren Regenfällen vergrößert sich der winzige See plötzlich auf einen Kilometer Länge und erfüllt fast die ganze Mulde mit Wasser, sodass selbst der Weg zu den dortigen Almen nicht mehr benutzbar ist. Dazu wurde beobachtet, dass am Grund des Beckens Wintertemperaturen von minus 30 Grad und darunter auftreten, fast ein Kälterekord für ganz Österreich.

So abgelegen das Gebiet auch früher bereits war – oder vielleicht gerade deshalb –, nutzten es Schmuggler, um von hier unangefochten ihre Waren zum Attersee zu transportieren. Auf der anderen, der westlichen Flanke des Schafberges wäre ihnen das nicht so leicht gelungen: Dort verband immer schon eine vielbefahrene Straße den Wolfgangsee mit dem Mondsee, die Straße über die Scharflinger Höhe, auf der es noch dazu früher eine Mautstelle gab, die den Warenverkehr mit aller Strenge kontrollierte.

Wir sind damit auf der anderen, der westlichen Seite des Schafberges, und kommen wie auf der Ostseite wiederum in eine weite, waldreiche Berglandschaft. Und gleich findet sich wieder ein See, der Grottensee oder Krotensee, den die alten Reisebeschreibungen als „schwarzgrün", „smaragdgrün" oder als „dunkeläugig" charakterisieren. Sie bezeichnen ihn auch als „still und einsam", was zu ihrer Zeit, im 19. Jahrhundert, vielleicht zutraf. Heute aber führt die erwähnte, reichlich frequentierte Straße an seinem Ufer vorüber – von „Stille" kann daher kaum mehr eine Rede sein. Und doch wird fast jeder, der vorbeifährt, dem kleinen See einen Blick widmen, denn da präsentiert sich fast ein Theaterprospekt: das dunkle, von steilen Berghängen umgebene Gewässer und das gewaltige Massiv des breit hingelagerten Schafberges im Hintergrund.
Seinerzeit empfand man den See als unheimlich und umgab ihn mit mancherlei Sagen. So hieß es etwa, der heilige Wolfgang habe hier die reichlich vorhandenen Kröten gefüttert, um den Leuten das wundersame Krötenpulver oder den heilkräftigen Krötenstein näherzubringen. Man sagte auch, das Wasser sei „grundlos", führe also in unergründliche Tiefen. Ein Fuhrmann, dessen Pferde hier einst scheuten und ihn samt Wagen und Ladung in den See rissen, sei nie mehr zum Vorschein gekommen, wohl aber sei die mitgeführte Fracht, eine Fuhr Weinfässer, im weit entfernten Donaustrom wieder aufgetaucht.

Der Krotensee ist sozusagen Herrschaftsbesitz, denn er gehört zu dem nebenan auf einem Felsen gelegenen Schloss Hüttenstein. Auch darauf werfen die Vorüberfahrenden einen Blick, wenngleich der Feudalbau bei weitem nicht die Attraktivität entfaltet wie der dunkle See daneben. *Die Presse* meinte zwar am 16. September 1868, es handle sich um eine „traumhafte Architektur" und die *Wiener Sonntags- und Montags-Zeitung* schrieb am 31. Juli 1870, ein junger Fürst habe sich da „ein Schloss in phantastischem Styl" gebaut – aber recht viel Begeisterung mag der eintönige Kasten mit den polygonalen Ecktürmen nicht mehr zu erwecken. Der „phantastische Styl" erweist sich als „Tudorstil", und man fragt sich, was denn eine solche englische Bauweise im Salzkammergut zu suchen habe. Aber der Bauherr, Fürst Karl Theodor von Wrede, wollte 1843 eben etwas Exquisites. Dabei spielte der Bauplatz in der bodenständigen Geschichte durchaus eine Rolle.

Zuvor gab es eine Burg Hüttenstein, die über der Scharflinger Höhe thronte, einem Engpass, der von dort aus leicht zu kontrollieren war. Hier befand sich ja im Mittelalter die Grenze zwischen dem Erzbistum Salzburg und dem bayerischen Mondseeland; heute existieren davon nur noch kümmerliche Mauerreste. Die Stelle war freilich gänzlich unwirtlich und entlegen, sodass man 1608 Hüttenstein dorthin verlegte, wo sich das Schloss heute befindet. Es sollte auch als Verwaltungs- und Gerichtsgebäude für St. Gilgen und Strobl dienen, doch waren die eingesetzten Beamten, „Pfleger" genannt, mit diesem (immer noch abgelegenen) Bau wiederum nicht recht glücklich, sondern amteten, obschon weniger standesgemäß, in St. Gilgen. 1718 ging schließlich der damalige Pfleger Nikolaus Pertl mit Bewilligung der Obrigkeit daran, im Ort ein ordentliches Amtsgebäude zu errichten.

Im Frühjahr 1720 wurde es fertig und acht Monate später, am Weihnachtstag, wurde ihm dort eine Tochter mit Namen Maria Anna Pertl geboren, welche man heute als die spätere Mutter von Wolfgang Amadeus Mozart kennt.

Stöbert man in der Geschichte des Schlosses Hüttenstein, so trifft man auf zwei weitere interessante Frauengestalten – verwischte Figuren zwar, aber doch in diesem Zusammenhang einer kurzen Erwähnung wert: Am 11. Februar 1903 war die Ehe der Erzherzogin Luise von Österreich-Toskana mit dem künftigen König von Sachsen Friedrich August in die Brüche gegangen, da die Kronprinzessin mit einem Sprachlehrer durchgebrannt war. Die Scheidung stand bevor und man wusste nicht recht, was man mit der skandalösen Person anfangen solle. Nachdem Luise sich von ihrem Liebhaber getrennt hatte und in ein Genfer Sanatorium abgetaucht war, sprach man etwas erleichtert von „Geisteskrankheit“ und fasste den Plan, sie in ihre österreichische Heimat zurückzuschicken, wo sie in Schloss Hüttenstein untergebracht werden sollte. Die *Linzer Tagespost* vermeldete am 11. Februar 1903, man habe schon einen Tapezierer beobachtet, der irgendwelche Räume ausstatten solle. Luise aber dachte nicht daran, sich neuerdings unter die Fuchtel irgendeines Hofes zu begeben: Sie blieb in der Schweiz und setzte dort ihr freizügiges Leben fort.

Der andere Fall ereignete sich ungefähr fünfundzwanzig Jahre früher. Die auf Schloss Hüttenstein ansässige Fürstin Ida Wrede, eine „35jährige schöne Frau von ungemeiner Intelligenz, die sechs Sprachen beherrschte“, soll, wie das *Innsbrucker Tagblatt* und andere Zeitungen am 11. Dezember 1876 zu berichten wussten, ihren Fürstensitz verlassen und einen Holzknecht geheiratet haben, der nicht einmal des Lesens und Schreibens kundig war. Sie soll mit ihm in ein Bauernhaus gezogen sein und jeweils am Sonntag ihren Gemahl in die Kirche und mit den anderen Leuten ins Wirtshaus begleitet haben. Wie die *Salzkammergut-Zeitung* am 26. Jänner 1930 zu berichten wusste, lebte die ehemalige Fürstin vierzig Jahre lang als glückliche Großschlagbäuerin in Hof bei Salzburg, bis sie 1927 – drei Jahre vor ihrem „stämmigen Prinzgemahl“ – verstarb.

Die Ortschaft Winkl oder Aich, zu welcher Hüttenstein gehört, hat überhaupt interessante Entwicklungen hinter sich. Im 18. Jahrhundert wurde dort eine Glashütte errichtet, deren Hauptprodukt die „Wolfgangiflascheln“ waren: blaue Glasbehälter, in denen die Pilger das Wasser von der heilsamen Quelle am Falkenstein mit nach Hause nehmen konnten, die der heilige Wolfgang dort mit seinem Stab erweckt hatte. Mit dem Rückgang der Wallfahrt ging auch die Glasfabrikation ein, doch wurde sie vom Fürsten Wrede für wenige Jahrzehnte wieder belebt. Später entstand genau dort ein Heim für schwer erziehbare Mädchen, das von Nonnen betrieben wurde, und seit 1993 ist es ein modernes Mönchskloster, genannt Europakloster Gut Aich.

Nach Westen schließt ein ausgedehntes, bewaldetes Bergmassiv diesen Erdenwinkel ab, Höllkar oder Almkogel genannt. Es ist das Stiefkind unter den Bergen des Wolfgangseegebietes, wenig markant, ja unauffällig, wenig bestiegen und einsam. Dabei finden sich an seinem Fuß zwei überraschende Sehenswürdigkeiten: die Steinklüfte, ein romantisches Labyrinth von abgestürzten Felsen, und die Zeppetzau, eine stille Waldlichtung mit mystischer Qualität. Weiter oben liegt – wie könnte es auch anders sein in dieser Gegend – in wunderbarer Stille ein kleiner See, der Eibensee. Wer aber ganz oben steht, der mag überrascht sein von der fantastischen Aussicht, die sich von diesen bescheidenen Gipfeln, besonders vom Almkogel, bietet. Fast senkrecht unten liegt das Mondseeland, nebenan ragt die Drachenwand auf, und auch der Wolfgangsee kommt ins Blickfeld. Über allem aber erhebt sich majestätisch der Berg, der hier alles zu beherrschen vermag, der Schafberg.

Mondsee

Fotos:

S. 105: Die Drachenwand. Für ambitionierte Kletterer ein verlockender Felszahn am Südwestufer des Mondsees, mit einem Steig der Kategorie D/C, dessen Begehung aber erfahrenen Alpinisten vorbehalten sein sollte. Adäquate Ausrüstung und beste Kondition sind Voraussetzung für den Einstieg, verlässliches Wetter sowieso. Freilich – die Aussicht über den Mondsee hinweg ist grandios.

vorangehende Doppelseite: Den Gipfel des Schafberges erreichen noch die letzten Sonnenstrahlen, tief unten im Tal hat sich schon kühler Schatten über die Seen gelegt. Links hinten ist der Fuschlsee zu erkennen, rechts hinten der Irrsee, links vorne der Krotensee, und rechts, prominent im Bild, der „kipfelige" Mondsee.

links: Die Basilika St. Michael der Benediktinerabtei Mondsee, baulich verbunden mit dem ehemaligen Stift, dem heutigen Schloss Mondsee. 2005 wurde der Basilika von Papst Johannes Paul II. ob der historischen, religiösen und künstlerischen Bedeutung der Ehrentitel Basilica minor verliehen.

rechts: Die Seepromenade: ein wunderbarer Platz, um den Blick über den See mit der markanten Drachenwand und dem von dieser Seite besonders eindrucksvollen Schafberg zu genießen.

links: Aus dem ehemaligen Stift, die Aufhebung erfolgte 1794, ist heute das Schloss Mondsee geworden: eine bestens gebuchte, mondäne Örtlichkeit für festliche Anlässe. Die Orgel der ehemaligen Stiftskirche findet in unserer Zeit noch oft Gelegenheit, mit einem klangvollen Hochzeitsmarsch ihren festlichen Beitrag zu leisten.

rechts: Hochaltar der Basilika; ihn schmückt die Jahreszahl 1626, ein Werk von Hans Waldburger. Die Kirche zieren weitere zwölf Altäre der Barockzeit, fünf davon stammen von Meinrad Guggenbichler.

MDC XXVI

links: Wie er dorthin gelangt ist, weiß niemand so genau: der sagenumwobene Kreuzstein am östlichen Südufer des Mondsees, eines der meistfotografierten Motive im Mondseeland. Dahinter die imposante, 1 187 Meter hohe Drachenwand.

rechts: Die Kirche von St. Lorenz, auf den heiligen Laurentius von Rom geweihte Filialkirche der Basilika von Mondsee, 1730 fertiggestellt.

Es war gewissermaßen eine andere Welt als heute, vor etwa siebzig Jahren in Mondsee unter dem Schafberg. Ich erinnere mich noch, wie damals der Kirchenplatz nach dem Sonntagsgottesdienst schwarz war vor lauter Bauern, die in dunkler Tracht – alle mit dem Hut am Kopf – beieinanderstanden und die Dinge ihres Alltags besprachen. Es heißt, dass noch 1939 viele von ihnen in einem der mehr als hundert Rauchhäuser lebten, in der qualmerfüllten „Schwarzen Kuchl" – nur eine einzige davon ist heute noch vorhanden, zu bestaunen im Bauern- und Freilichtmuseum Mondsee. Diese Welt war abgeschieden von der übrigen, denn die Linien der großen Straßen zogen weit entfernt vorüber. Und die Bahn, die sie erschließen sollte, die Salzkammergut-Lokalbahn, war ein unbequemes Verkehrsmittel, das mehr als eine halbe Stunde benötigte, bis die Fahrgäste – mit Ruß angereichert, gerüttelt und gerädert – in Salzburg anlangten.

Will man noch viel tiefer in diese dunkle Welt des alten Mondseelandes eintauchen, dann empfiehlt es sich, den letzten Winkel des Sees aufzusuchen, dort, wo er sich immer mehr verengt und schließlich ausläuft in die Ache, die ihn zum Attersee hin entwässert. Blickt man hier nach Norden, dann hat man die liebliche Ortschaft See vor Augen, ein anheimelndes Wirtshaus mit einem schönen Gastgarten und, etwas entfernt, einen gewaltigen Campingplatz. Wendet man sich aber um, dann wird die Gegend mit einem Mal hochdramatisch, denn gewaltig steigen düstere Felswände fast unmittelbar aus dem See auf, die Vorgebirge des Schafberges. Hier und nicht etwa in dem freundlichen, flacheren Teil des Mondsees haben sich vor fünf- bis sechstausend Jahren Menschen niedergelassen, am Ufer, als der Wasserspiegel noch tiefer lag. Als ihre Siedlungen um 1870 entdeckt worden waren, gingen sie als „Pfahlbauer" in die Geschichte ein.

Ihre Hinterlassenschaften fand Matthäus Much. Er besaß in Wien eine Zitherfabrik, war finanziell unabhängig und fand ausreichend Zeit, seiner Leidenschaft, der prähistorischen Feldforschung, nachzugehen – und zwar so emsig, dass man ihn den „Schliemann Niederösterreichs" und den „Altmeister der österreichischen Urgeschichte" bezeichnet hat. Der Mann mit dem würdigen Rauschebart, dessen Bild im Museum Mondsee hängt, war aber auch ein strammer Deutschnationaler und aggressiver Antisemit, der sein Idol Georg Schönerer sogar begleitete, als er in eine liberal gesinnte Zeitungsredaktion eindrang und damit eine folgenschwere Schlägerei auslöste.

Dabei soll die Verdienstlichkeit dieses Forschers, der sich vor lauter Begeisterung über die Funde sogar eine Villa am Mondsee errichtete, nicht in Abrede gestellt werden. Seine Begeisterung war voll gerechtfertigt. Es zeigte sich das Bild einer reichen Kultur, wie man sie aus dieser Zeit kaum irgendwo feststellen konnte. Bis zu fünfzig hölzerne Häuser standen auf Plattformen über dem Ufergrund. Drinnen gab es schön geformtes Keramikgeschirr und andere Haushaltsgegenstände, dazu Waffen wie Pfeil und Bogen. Die Bewohner experimentierten mit Kupfer und schufen allerhand neuartige Gegenstände, die sie auf weiten Reisen zu Kauf und Tausch anboten. Selbst Ötzi dürfte zu ihrer Kundschaft gezählt haben, denn es heißt, seine Axt sei aus Mondseekupfer geformt gewesen.

Unklar war freilich, warum diese lebhafte Kultur um 3200 v. Chr. mit einem Mal zu Ende ging. Die nächsten tausend Jahre sind vollkommen fundleer, die Gegend lag anscheinend verödet da, in völligem Gegensatz zu den reichen Hinterlassenschaften der vorigen Zeit. Das war auffällig, und aufgefallen ist es auch dem Geoarchäologen Alexander Binsteiner. „Dass man seinen Wohnsitz aufgibt und alle wertvollen Sachen einfach zurücklässt – das tut man nicht", meinte er und kam zu dem Schluss, dass wohl ein urplötzliches Geschehen den Untergang der Siedlungen bewirkt haben muss. Er schloss auf einen gigantischen Felssturz von den Schafbergwänden, dessen herabdonnernden

Massen den See so aufwühlten, dass die Wellen das gegenüberliegende Ufer überschwemmten und alles ertränkten. Dieser „Mondsee-Tsunami“ wurde ein romantisches Schlagwort, dessen Auswirkungen bis Hamburg reichten, denn sogar dem *Spiegel* war er einen Artikel wert. Allerdings blieb die Wissenschaft skeptisch und stellte bald fest, dass die Schuttmassen am Grund des Sees aus späterer Zeit stammen, und dass auch sonst kaum etwas für eine solche Katastrophe in der Pfahlbauerzeit sprach. So bleibt das Rätsel ungelöst.

Rund zweitausend Jahre später kamen Römer ins Land. Sie ließen sich an dem freundlichen, sanften Westteil des Sees nieder und errichteten dort einen ausgedehnten Gutshof. Und als im 8. Jahrhundert die bayerischen Herzöge in diesem Bereich ein Kloster gründeten, da setzten die Mönche ihre ersten Bauten im Jahre 748 genau in diese römischen Relikte hinein: Was eine antike Villa gewesen war, wurde zu Kirche und Mönchswohnungen. Es war ein schwungvoller Beginn, das Kloster war reich ausgestattet und bemühte sich mit Erfolg darum, auch Kulturelles im Land zu verbreiten. Schon vierzig Jahre nach der Gründung stand die Mondseer Schreibstube für Höchstleistungen: Beispielsweise entstand um 788 hier ein Gebetbuch, das anscheinend für den Bayernherzog Tassilo bestimmt und kostbar ausgestattet war. Als man ihn stürzte, wurde es – wohl als Beutestück – nach Frankreich verschleppt und ist heute unter dem Namen „Psalter von Montpellier“ für die Wissenschaft eine Kostbarkeit ersten Ranges.

Mehr als tausend Jahre hatte die Abtei Bestand, sie durchlebte Perioden des Glanzes und des Niedergangs und beherbergte manche bedeutende Persönlichkeit. Eine davon behielt man bis heute im Gedächtnis: Abt Konrad II. Als dieser 1127 zum Leiter des Klosters berufen wurde, hatte es gerade wieder eine dunkle Zeit hinter sich, in welcher etliche Besitzungen abhandengekommen waren. Konrad, übrigens auch ein eifriger Reformator, versuchte diese wieder zurückzuholen, was ihn schließlich das Leben kostete, denn er wurde am 15. Jänner 1145 ermordet. Bald galt er als Märtyrer, Hymnen wurden zu seiner Ehre verfasst und in der Kirche erhielt er ein Grabmal. Seit dem 15. Jahrhundert wird uns mit einem Male mehr über ihn überliefert, zumeist aber Legendäres. Der Abt sei damals von Oberwang, einer Nachbargemeinde, nach einer Messe nach Hause geritten und im Wald überfallen worden. Dort, wo man ihn umbrachte, sei eine Quelle entsprungen. Das Brett, auf das die Täter seinen Leichnam gelegt hatten, sei bei einem Brand ebenso wie die Leiche unversehrt geblieben – und so wurde an der Stelle der Untat eine Kapelle und am Ort des Brandes eine Kirche gebaut, in welcher das Brett einen bevorzugten Platz erhielt. Die Überreste des Abtes wurden 1679 ausgegraben und in einem Glasschrein am Hochaltar sitzend ausgestellt, wo sie sich heute noch befinden.

Recht erstaunt waren die einschlägigen Wissenschafter, als sie erfuhren, man habe sich in Oberwang mitunter erzählt, beim seligen Abt Konrad habe es sich um gar keine hehre Lichtgestalt gehandelt, er sei vielmehr ein arger „Bauernschinder“ gewesen, der rücksichtslos durch Kornfelder geritten sei, was die Bauern so gegen ihn aufbrachte, dass sie ihn erschlugen. Ob da nicht Erinnerungen an einen Naturdämon aufklingen, zumal auch der Nachname Konrads, der in der Barockzeit plötzlich auftaucht, in diese Richtung zu weisen scheint? Er soll „Bosinlother“ geheißen haben, ein im 12. Jahrhundert gänzlich ungewöhnlicher Name für einen Abt. Ein „Lother“, „Loder“ oder „Löther“ ist im Alpenbereich aber die Bezeichnung für eine männliche Person oder einen Kerl, während „Bosin“ mit „Wasen“ – das meint „Flur“ – zusammenhängen könnte, sodass man wiederum auf einen „Wiesengeist“ schließen könnte.

Der Nachfolger Konrads – er hieß Walter – wurde übrigens ebenfalls als Heiliger verehrt. Über ihn sind keinerlei Geschichten überliefert. Es heißt nur, dass er recht fromm war, was bei einem Heiligen jedenfalls nichts Besonderes bedeutet.

Die große Zeit des Klosters Mondsee war zweifellos das 15. und das beginnende 16. Jahrhundert. Bedeutende Männer regierten damals das Stift, Künstler wurden berufen, Kirchen wurden gebaut. Michael Pacher kam, um den Vertrag über den St. Wolfganger Flügelaltar abzuschließen. (Ein uralter Sessel, der im Heimatmuseum steht, soll jener sein, auf dem er dazumal gesessen ist.) Wolf Huber hielt sich hier auf, wobei er den Schafberg zeichnete – der sogenannte „Meister von Mondsee“ entwarf farbenfrohe und temperamentvolle Gemälde. Den finanziellen Rückhalt für alle diese Leistungen bildete die Wallfahrt zum heiligen Wolfgang, denn der berühmte Ort gehörte ja seit jeher zum Kloster Mondsee. Zu ihm zogen unendliche Scharen von Pilgern, darunter Adelige und Herrscher, ja selbst Kaiser Maximilian I., dem es diese Stätte so angetan hatte, dass er mehrmals kam und sogar plante, sich am Falkenstein begraben zu lassen.

Es folgten wiederum ungute Zeiten. Die Reformation räumte das Kloster weitgehend aus, im Jahre 1566 lebten nicht mehr als vier Mönche darin. Erst der aus Passau stammende Johann Christoph Wasner, der 1592 zum Abt berufen wurde, konnte den Konvent wieder auf einen tragbaren Standard heben. Dafür wurden die Bauern unruhig. Abgaben wurden von ihnen verlangt, die sie einfach nicht leisten konnten, dazu gab es Schikanen von untergeordneten Amtsträgern. Die Mondseer ließen es aber zu keinem Aufstand kommen, ein Auflauf vor dem Haus des zuständigen Verwaltungsbeamten, des Pflegers, war das höchste der Gefühle. Ansonsten beschränkte man sich hauptsächlich darauf, Beschwerden an die höheren Instanzen abzufassen, und zwar bis zum Kaiser. Die Obrigkeit reagierte trotzdem mit Härte, indem sie immer wieder die sogenannten Rädelsführer einsperren ließ, später wurden in den Häusern der Untertanen Soldaten einquartiert, lediglich die rückständigen Abgaben wurden manchmal erlassen, weil die Bauern, wie es in einem Bericht heißt, nur „mit Mühe das Brot für ihr Maul gewinnen“ könnten und weil sie „ganz ausgesaugt“ seien. Die Unruhen zogen sich ungefähr sechzig Jahre hin, dann eskalierten sie, hauptsächlich auf Betreiben des Abtes von Lambach, eines berüchtigten Scharfmachers. 1400 Soldaten marschierten im Mondseeland ein, die Anführer der Rebellion wurden inhaftiert, zwei davon in Linz geköpft, andere, die schon am Galgen standen, begnadigt, aber zum lebenslangen Arbeitsdienst an die ungarisch-türkische Grenze abkommandiert. Erst der Erlass der ohnehin uneinbringlichen Steuerrückstände und die Wahl verständnisvollerer Männer zu Äbten des Stiftes beruhigten die Situation.

Das Mondseeland, zuvor immer ein Teil Bayerns, war schon 1506 unter Kaiser Maximilian I. österreichisch geworden. Es lag nun in einer etwas abgeschiedenen Ecke an der Grenze zu Salzburg. Aus verschiedenen Gründen konnte das Kloster nicht an dem künstlerischen Höhenflug teilnehmen, der damals die oberösterreichischen Stifte wie St. Florian oder Wilhering erfasste, wenn auch der Salzburger Historiker Adolf Hahnl Pläne für eine Barockisierung der Stiftskirche in Archiven ausfindig machte. Sie stammten möglicherweise von dem berühmten Jakob Prandtauer, später aber von dessen Neffen, dem ebenfalls renommierten Joseph Munggenast, wurden aber allesamt nicht realisiert. So blieb die großartige spätgotische Kirche, welche der einheimische Meister Hanns Lengdörffer gegen Ende des 15. Jahrhunderts geschaffen hatte, erhalten: ein strenger, hoch schießender Bau, der Leben und Wärme erhält durch eine Fülle von barocken Altären, dem Hochaltar Hans Waldburgers, vor allem aber durch die Werke des „Bildhauers zu Mondsee“, wie man „in liebevoller Vertrautheit Meinrad Guggenbichler nannte, der fast sein ganzes arbeitsreiches Leben im Dienst des ältesten Benediktinerstiftes des Landes ob der Enns verbracht hat. Aus seinen Arbeiten erwächst vor uns „das Bild eines Künstlers von genialer Begabung und höchstem Können" (Heinrich Decker). Der „Khunstreich und beriembte Bildhauer", wie er in damaligen Schriften genannt wurde, war aus der Schweiz gebürtig und in jungen Wanderjahren in dieser Gegend hängen geblieben. Er hatte 1679 eine Mondseer Gastwirtstochter geheiratet, mit der er neun Kinder hatte, und sich in jenem Haus niedergelassen, das heute noch „Bildhauerhaus" heißt. Dort betrieb er seine Werkstatt, dort schuf er jene Fülle von Figuren, die uns wegen ihrer liebenswerten Anmut und ihrer verhaltenen Kraft heute immer noch ansprechen. Sie vereinen bodenständigen Charme mit echter Leidenschaft.

Der Meister selber hatte sich in Mondsee bestens akklimatisiert. Er war offenbar ein geselliger Typ, der häufig die Wohnung einer Nachbarin aufsuchte und sich dort einen Trunk vergönnte, was seine „Ehewirtin" so erzürnte, dass sie in das betreffende Haus stürmte und dieses neben anderen „hitzigen Worten" als ein „Lumpenhaus" titulierte. Vom Gericht wurden ihr derartige Auftritte verboten, dem Bildhauer aber untersagte man solche „gepflogene Gemeinschaft und Zusammenkunft" bei Androhung empfindlicher Leib- und Geldstrafen. Zeigt sich da nicht auch einmal die menschliche Seite eines großen Künstlers?

Nach der barocken Glanzzeit waren dem Kloster Mondsee nur noch wenige Jahrzehnte vergönnt, dann wurde es aufgelöst, und zwar nicht durch den klosterstürmenden Kaiser Joseph II., sondern erst durch dessen Nachfolger Leopold II. Der Grund lag hauptsächlich darin, dass es bereits dem Bischof der neu gegründeten Diözese Linz als Dotationsgut und als Sommerresidenz zugesagt worden war und dieser darauf bestand, dieses Juwel seines Herrschaftsgebietes auch zu erhalten: „… so verspreche ich mir, nebst der Annehmlichkeit, einen abwechslungsreichen Sommeraufenthalt zu haben, einige 1000 Gulden mehr Einkünfte. Oder wenigstens Einkünfte an Wildbret, Geflügel, Fischen, Heu, Haber und so weiter." Nach dem Tod dieses Bischofs wurde der Besitz von höherer Stelle aus verwaltet, bis Kaiser Napoleon das Ganze, ohne viel auf Besitzrechte zu achten, einem Günstling schenkte: dem bayerischen General Carl Philipp von Wrede.

Bayern war lange Jahre mit dem französischen Kaiser verbündet und stellte ihm bei seinen Feldzügen Truppen zur Verfügung, auch gegen die Tiroler Aufständischen unter Andreas Hofer. Befehligt wurden die Soldaten von diesem Marschall Wrede, der Angst und Terror verbreitete, obschon er hinterher davon sprach, er sei „durch die schrecklichen Blutmorde und Brandszenen" im Innersten seiner Seele erschüttert worden. Als anscheinend treuem Gefolgsmann verlieh ihm Napoleon 1810 die Herrschaft Mondsee und andere Güter, doch bereitete der so Beschenkte hinter dem Rücken des Gönners allmählich den Abfall Bayerns vor, der 1813 im Vertrag von Ried unter tätiger Mithilfe des Generals realisiert wurde. Von nun an kämpfte dieser gegen seinen früheren Gebieter, dabei stieg er am bayerischen Hof die Erfolgsleiter in schwindelerregende Höhen empor, wurde Fürst und Feldmarschall und durfte vor allem das, was ihm der französische Kaiser geschenkt hatte, behalten. Kein Wunder, dass man ihn als skrupellosen Ehrgeizling und Opportunisten bezeichnete. Dabei muss ihm Mondsee zugutehalten, dass er sich um diesen seinen Besitz wirklich gekümmert hat. Er baute eine Sägemühle, eine Ziegelei, etablierte in Hüttenstein eine Glashütte und richtete im Meierhof des Schlosses eine Käserei ein. Vermutlich geht auch die berühmte Lindenallee, die vom Marktplatz zum See führt, auf ihn zurück. Er soll sie angelegt haben, als ihn Staatskanzler Fürst Metternich „zu politischen Gesprächen" besuchte.

Die Familie Wrede blieb bis 1879 im Besitz der Herrschaft Mondsee, dann heiratete die Gutsherrin Helena den königlich bayerischen Kämmerer Carl August Graf Almeida. Diese Familie verkaufte 1985 das Schloss Mondsee an die oberösterreichische Unternehmerfirma Asamer & Hufnagl, die ein feudales Schloss daraus machte, das bis heute besteht.

Dass damals für Mondsee eine neue Zeit begann, ist nicht zu bezweifeln, auf das Kloster folgte nämlich das, was man ehedem den Fremdenverkehr nannte. Allerdings ging das in Mondsee langsamer voran als in anderen Orten des Salzkammergutes. „Bei dem großen Rufe, welchen Ischl wegen seines Solebades und seiner freundlichen Umgebung bereits besitzt", schrieb am 9. Mai 1837 die *Allgemeine Theaterzeitung*, „dürfte es auch an der Zeit seyn, die Freunde der schönen Natur insbesondere auf das benachbarte Mondsee – manchem noch eine terra incognita – aufmerksam zu machen". Tatsächlich kamen damals nur selten auswärtige Besucher in die Gegend, diese aber priesen ihre Schönheit in Superlativen. So schwärmte Helmina von Chézy 1833 von dem „unerklärbar süßen Friedensglanz auf den schmelzenden Hochgefilden" und von „der stillen Anmuth seiner Zauberfluth des leuchtenden Sees".

1867 kaufte der damalige Bürgermeister Peter Tafner ein „altes, hölzernes Häuschen" am See, baute daneben ein einstöckiges Haus mit Bädern, gab dem Ganzen den stolzen Namen „Königsbad", und es gelang ihm tatsächlich, nach weiteren Ausbauten mehr und mehr Gäste anzuziehen. Andere Etablissements folgten. Namentlich das Hoteldorf „Pichl-Auhof" riss die damaligen Reisejournalisten zu überschwänglichem Lobpreis hin: „Die schmeichelhaftesten Ausdrücke bewundernder Überraschung werden beim Betreten dieses unvergleichlich schönen Erdenfleckens auch aus dem Munde weitgereister und verwöhnter Besucher laut", schreibt *Der Fremdenverkehr* am 13. Juni 1909. Dabei wird betont, wie sehr die „distinguierten Kreise" die Annehmlichkeiten dieses Hotels schätzen. Unter den prominenten Gästen von Mondsee ist neben den Operettenkomponisten Carl Michael Ziehrer und Leo Fall sowie der Opernsängerin Lotte Lehmann (Richard Strauß: „Sie hat gesungen, dass es Sterne rührte") in erster Linie ein Wiener Schriftsteller und Journalist namens Friedrich Uhl zu nennen. Er war ein passionierter Antiquitätensammler, der, wie seine Tochter erzählte, sogar seine Villa extra ausbaute, weil er einen riesigen Renaissanceschrank sonst nicht unterbringen konnte. Seine Sammlung umfasste später ungefähr 170 Möbelstücke, vorwiegend aus der Renaissance- und Barockzeit, dazu ein schmiedeeisernes Sakramentshäuschen, vermutlich aus der Mondseer Kirche, einen marmornen Grabstein, dazu Tafelbilder, Heiligenfiguren und vieles anderes.

Aber nicht durch seine Sammelleidenschaft ist Friedrich Uhl in die Geschichte eingegangen, sondern durch die Tochter Frida, eine exzentrische Person, die in der Berliner Kneipe „Zum Schwarzen Ferkel" den schwedischen Dichter August Strindberg kennengelernt und in einer überstürzten Aktion geheiratet hatte, obwohl die beiden überhaupt nicht zusammenpassten. Schon kurz nach der Hochzeit lebten sie umständehalber getrennt und Strindberg, der unter beträchtlichen finanziellen Sorgen litt, fuhr nach Mondsee, wohin ihn die Schwiegermutter mit betulichen Worten eingeladen hatte. Sein Aufenthalt dauerte nur ein paar Tage, dann wurde er nach Spannungen mit Vater Uhl abgebrochen. Der Dichter reiste ab, ohne sich zu verabschieden, ging zu Fuß bis Thalgau und ließ die Familie im Unklaren, was mit ihm geschehen war.

Frida Uhl starb 1943 vereinsamt und vergessen in Salzburg, die berühmte Sammlung Friedrich Uhls verlor sich in alle Winde und nur die paar Tage, die Strindberg in Mondsee verbracht hatte, bleiben in Erinnerung. Es gibt eine August-Strindberg-Straße und eine Gedenktafel an der einstigen Villa Uhl.

Solche Reminiszenzen sind allerdings nicht die einzigen kulturellen Lichter, die Mondsee bietet. Im Jahre

1989 wurden durch den Pianisten András Schiff die Mondseer Musiktage begründet, seither wird dieses Kammermusikfestival alljährlich im Spätsommer mit hochkarätigen Künstlern abgehalten. Es gibt nicht weniger als vier Museen, dazu einen höchst aktiven Heimatverein. Jedes Jahr, fast immer seit 1922, wird der „Mondseer Jedermann" in einer Parkanlage nahe der Kirche aufgeführt, eine Mundartfassung des berühmten Hofmannsthal-Stückes. Max Reinhardt, der Salzburger Regisseur, hat die Darbietung begutachtet und war durchaus angetan: „Die wundervolle Freilichtbühne und die erfrischende Natürlichkeit der Darsteller vereinigen sich zu einem glücklichen Theater."

Mondsee ist ein mondäner, kulturell aufgeschlossener Ort geworden. Die Abgeschiedenheit und die vorherrschend bäuerliche Note, von denen anfangs die Rede war, haben sich verflüchtigt. Die Autobahn, die nahe am Ort vorbeizieht, hat dazu wesentlich beigetragen. Sie bietet den Vorteil, dass so vielen Menschen, die vorüberfahren, wenigstens ganz kurz der Reiz dieser Gegend bewusst wird. Doch erst bei einem Aufenthalt erschließt sich die unendliche Schönheit und der vielfältige kulturelle Reichtum dieses Ortes ganz.

Das Südufer des Attersees

Fotos:

S. 121: Am Südufer des Attersees konnte man früher trotz zeitweiser Wegsperren bei wenig Wasser bis zum Ursprung der Burggrabenklamm gelangen. Gleich einem duftigen Schleier hat hier der hohe Wasserfall seinen großen Auftritt. Nach abermaliger Verwüstung durch Lawinen und Felsstürze wurde die metallene Wegkonstruktion durch die Klamm im Jahr 2020 abgetragen und der Zutritt endgültig gesperrt.

vorangehende Doppelseite: Blick von einer Anhöhe am Westufer des Attersees Richtung Süden, deutlich erkennbar der Einschnitt des Weißenbachtales. Dieses verbindet den Attersee mit dem Trauntal und Bad Ischl, es trennt zugleich den Gebirgsstock des Schafberges vom Höllengebirge.

links und rechts: Die Pfarrkirche von Steinbach hat ein besonderes Juwel der Holzschnitzkunst zu bieten. Seit 1985 ist die „Steinbacher Binder-Krippe“ ausgestellt, die 1965 vom Bildhauer Franz Binder geschaffen wurde.

Fotos:

links: In den Jahren 1893–1896 verbrachte Gustav Mahler in seinem eigens errichteten Komponierhäuschen in Steinbach am Attersee die Sommermonate, fernab vom Trubel der Großstadt Wien, um Werke für die Ewigkeit zu schaffen. Am Notenpult steht in Kopie ein Notenblatt der 2. Symphonie.

rechts: Auf der Suche nach Ruhe, Erholung und künstlerischer Inspiration verbrachte Gustav Klimt von 1900–1916 am Attersee seine Sommerfrische. Er verewigte die Region in über 40 Landschaftsbildern. Um sein Schaffen zu würdigen, eröffnete 2012 anlässlich seines 150. Geburtstages das Klimt-Zentrum in Kammer-Schörfling. In Unterach ehrte man den Künstler, der den Ort mehrmals gemalt hat, mit diesem markanten Denkmal.

nachfolgende Doppelseite: Ein mooriges Naturjuwel auf einer Anhöhe am Westufer des Attersees, nahe Unterach – der Egelsee.

GUSTAV
KLIMT

Unterach

Wie eine mächtige dunkle Mauer schließen die Vorberge des Schafberges und dieser selbst den Südteil des Attersees ab. Man könnte meinen, Unterach, das zu Füßen der steilen Hänge liegt, müsse ein düsterer, wenig ansprechender, von Kälte gepeinigter Ort sein. Umso mehr überrascht es, hier einen Edelkastanienwald – angeblich den einzigen nördlich der Alpen – vorzufinden und zu erfahren, dass seine Bäume nur bei besonders mildem, sonnigem Klima gedeihen können.

Nimmt man den Ort selber in Augenschein, dann wird man ihn als freundlich und heiter empfinden – schon gar, wenn man weiß, dass er einst, nämlich zur Zeit der Monarchie sowie in den 1920er und 1930er Jahren, ein besonders angenehmer und beliebter Sommeraufenthalt der Wiener Prominenz war. „Es wird übrigens", konstatierte *Dillinger's Reisezeitung* 1907, „weit und breit keine so heitere Sommer-Gesellschaft geben als in Unterach." Und lustvoll schildert eine Reisebeschreibung aus der Zeit um 1900 die Stimmung am Attersee: „Hier wimmelt es allsommerlich von fröhlichen Gästen, unter denen die Wiener nicht fehlen. Hell klingt das Lachen der reizenden Blondinen an unser Ohr, die im Kahn voraus fahren oder am Ufer kichern …"
In Unterach trieb der Wiener Starkomiker Franz Tewele seine Späße, hier pflegte die lebenslustige Opern-Primadonna Maria Jeritza in ihrer Villa ihre Affären, und hier wird man heute bei einem besonders stattlichen Haus scherzhaft darauf hingewiesen, dass darin „entgegen hartnäckigen Gerüchten W. A. Mozart nicht gewohnt" hat.

Aber alles der Reihe nach: Vor etwa einhundertfünfzig Jahren (und auch in der Zeit davor) war Unterach tatsächlich ein gottverlassener Winkel an einer Ausbuchtung des Attersees, den man weitgehend nur per Schiff erreichen konnte. Zunächst fiel dieser Bereich dem eben gegründeten Kloster Mondsee zu, doch tauschten ihn die Mönche bald gegen andere Gebiete ein, und nach 1007 gehörte er gar zum Bistum Bamberg im weit entfernten Oberfranken. Vermutlich wusste man später mit dem abgelegenen Besitz nicht mehr viel anzufangen und verkaufte ihn 1379 an die Habsburger. So weit, so uninteressant, könnte man sagen.

In der ersten Hälfte des 19. Jahrhunderts hatte sich in Ischl im Gefolge des kaiserlichen Hofes eine veritable Gemeinde von Sommerfrischgästen gebildet, die vornehmlich aus Aristokraten bestand. Für sie war es nun mitunter ein Abenteuer, quasi eine Expedition, durch das wilde Weißenbachtal „auf Eseln reitend oder in Sänften sitzend" einen Ausflug an den Attersee zu unternehmen. In Weißenbach mussten sie auf ein Schiff, „Wiener Fuhrl" genannt, umsteigen, denn nach Unterach konnte man nicht anders als über das Wasser gelangen. Aus dem frühen 19. Jahrhundert wurde berichtet, dass jedes Mal, wenn jemand ein Pferd mit dieser Überfuhr herführen ließe, es einen Zusammenlauf sowohl von Kindern als auch von Erwachsenen geben würde. Der unbekannte Autor schreibt weiter, „des beschwerlichen Zukommens wegen" zähle man nur wenige Besuche, und daraus resultiere der Vorteil, dass es durchaus „an Gelegenheit, Geld zu vertun" mangele.

Das änderte sich freilich bald, und bereits im Jahr 1839 wiesen der Gastwirt Anton Hollwöger und seine „eheliche Hausfrau Sophie" in einer Werbung darauf hin, dass „die am Gestade liegende Ortschaft Unterach" schon „von vielen Herrschaften mit Wohlgefallen besucht" worden sei. Jedenfalls konnten sie, wie es heißt, ein „frugales Mahl mit gutem Getränke und Tischwein" anbieten, und so ergab sich endlich auch hier die Gelegenheit, Geld auszugeben, wobei die beiden Wirtsleute versicherten, dass die Bedienung „billig, gut und reinlich" sei.

Aber noch 1876 wunderte sich das *Salzburger Volksblatt*: „Wer sprach bisher vom Attersee? Es galt lange beinahe als Dogma, dass derselbe keinen Besuch verdiene.“ Immerhin, heißt es, „Einzelne, welche dem eigenen Geschmack und nicht der Mode huldigen“, hätten begonnen, sich „an den reizenden Gestaden“ niederzulassen.

Was in diesem Zusammenhang auffällt, ist die Tatsache, dass der Sommertourismus nicht an den offenen, leicht zugänglichen nördlichen Ufern des Sees einsetzte, sondern zunächst im eher unwirtlich erscheinenden Süden. Dort war der wirtschaftliche Schwerpunkt der Gegend, denn die Ischler und die Ebenseer Saline zeigten sich, was den Holzbedarf anlangt, unersättlich, und auch die Wälder um Weißenbach am Attersee mussten dafür herhalten.

Es war weniger der Adel und es war gleichfalls nicht die ganz noble Gesellschaft, die sich am Attersee ansiedelten: Diese bevorzugten, wie Barbara Rosenegger-Bernard schreibt, „Bad Ischl, Bad Aussee und die anderen Salzkammergutseen wie Traunsee und Wolfgangsee, wo sich ein gesellschaftliches Milieu mit deutlich konservativer Ausrichtung entwickelte.“ Am Attersee dominierte das aufgeschlossene Bürgertum mit eher lässigen Lebensformen und liberaler Einstellung. Man war weniger an der Jagd interessiert als vielmehr am Wassersport, vornehmlich am Segeln. Dazu kamen mannigfache kulturelle Aktivitäten.

So richtig „modern“ wurden Unterach und der südliche Attersee freilich erst in der zweiten Hälfte des 19. Jahrhunderts. Ein Förster namens Alois Schönherr gründete einen Verschönerungsverein, eine Promenade wurde angelegt, „Kaiserin-Elisabeth-Allee“ genannt, und die dort gelegene Quelle, die man bisher als den „Kalten Brunnen“ kannte, erhielt die Bezeichnung „Kaiserbrunnen“. Schönherr ließ auch den Steig zur Himmelspforte auf den Schafberg errichten, ebenso erschloss er die Burggrabenklamm, wobei der dortige Steig – wie hätte es anders sein sollen – „Erzherzogin Valerie Weg“ getauft wurde.

Dass der Großteil dieser Attraktionen nicht im Gemeindegebiet von Unterach lag, sondern in jenem von St. Gilgen, störte niemanden. In diesem einst so abgelegenen Erdenwinkel verliefen nämlich auch die Grenzen in recht verzwickter Weise. Das Erzbistum Salzburg legte Wert darauf, die Südteile von Mondsee und Attersee zu besitzen, vermutlich weil es am Fischreichtum dieser Gewässer teilhaben wollte. So war das, was jenseits der Seeache lag, salzburgisch, und heute noch gehört dort alles zur Gemeinde St. Gilgen, obwohl diese weit entfernt und umständlich zu erreichen ist, während man nach Unterach nur über eine Brücke gehen muss, um nach wenigen Schritten im Zentrum zu sein.

So kann es sich St. Gilgen zugutehalten, dass sich in seinem Gemeindegebiet der Schweizer Dichter Gottfried Keller einen Sommer lang als Besucher der Familie Exner aufhielt.
Vor allem ist man auch stolz auf den Berghof, eines der berühmtesten Gebäude des ganzen Attersees. Es gehörte ab 1890 der Familie Brüll, deren bekanntestes Mitglied der Komponist Ignaz Brüll war. Heute kaum mehr bekannt, zog er damals alles an, was im Salzkammergut kulturell von Bedeutung war: Carl Goldmark, Johannes Brahms, Eduard Hanslick, dazu Literaten wie Arthur Schnitzler oder Hermann Bahr, um nur einige zu nennen. Felix Salten ließ sich von den Rehen, die er in Unterach sichtete, zu seinem Roman *Bambi* inspirieren, Hugo von Hofmannsthal las hier erstmals seinen *Rosenkavalier* vor, Gustav Mahler machte die Berghof-Runde mit seiner 2. Symphonie bekannt. Man sprach davon, dass hier sozusagen eine Art „Generalprobe für die Salzburger Festspiele“ stattfand.

Nach dem Tod Ignaz Brülls 1907 gingen die musikalischen Aktivitäten weiter – bis 1938, dann war Schluss:

Denn die nationalsozialistischen Machthaber enteigneten sofort den Besitz, die bisherigen Bewohner mussten fliehen, begingen auf der Flucht Selbstmord oder wurden im KZ ermordet: schreckliche Schicksale, die auch manch anderen Villenbesitzern nicht erspart blieben.

Der Berghof, übrigens um das Jahr 2000 von Elisabeth Auersberg-Breunner, geborener Flick, erworben, ist bei Weitem nicht die einzige Prominentenvilla in oder bei Unterach. Oberhalb des Ortes wohnte einst Viktor Kaplan, der Erfinder der Turbine; in einer dort angelegten Familiengruft ist er bestattet. Eine auffallend prächtige Villa leistete sich der Textdichter Victor Léon, von dem unter anderem das Libretto zu *Wiener Blut*, zur *Lustigen Witwe* oder zum *Fidelen Bauern* stammt. Er galt als Lebenskünstler und „raffinierter Erotiker" (Marie-Theres Arnbom) und wurde tatsächlich einmal ausgerechnet in der Unteracher Kirche von seiner Gattin in verfänglicher Situation mit einer Schauspielerin erwischt. Auf Grund des Skandals erbot sich der Vater der jungen Dame, einen Seitenaltar zu stiften, was Arthur Schnitzler in seinem Tagebuch genüsslich vermerkte.

In der Jeritza-Straße, die vom Ortszentrum nach Norden führt, reiht sich ein Sommersitz an den anderen. Man kann natürlich keinen davon betreten, aber es lässt sich von der Straße her ein Blick auf die wunderschönen Vorgärten und Badestrände werfen, eine Pracht, wie man sie selten findet. Dort wohnte früher auch die berühmte und eingangs bereits erwähnte Sopranistin Maria Jeritza, unbestreitbar der Star des Unteracher Sommerpublikums. Obwohl sich die Sommergäste allesamt durch Großzügigkeit und Freigiebigkeit beliebt machten, übertraf sie die Operndiva bei Weitem. Ihre „Kinderjausen" waren legendär: Einmal wurden 190 Kinder eingeladen, reich bewirtet und beschenkt. Und die Erwachsenen bemühten sich jedes Mal, die gefeierte Mitbürgerin würdig mit Musik und Chor zu empfangen.

In Unterach erlebte man sie sicherlich von ihrer besten Seite, die grandiose Primadonna, von der Marcel Prawy vielleicht etwas überschwänglich meinte: „Nehmen Sie die Marylin Monroe, die Birgit Nilsson und die Paula Wessely zusammen, und Sie haben erst ein Viertel der Jeritza." Dabei war die Sängerin nicht unumstritten. Man nahm es ihr übel, dass sie ab 1921 nicht nur mehr an der Wiener Staatsoper auftrat, sondern auch anderswo, vor allem in den Vereinigten Staaten. Über den „Jeritza-Rummel" beklagten sich Teile der Wiener Boulevardpresse immer wieder. Eine ihrer Kolleginnen fühlte sich von ihr so provoziert, dass sie ihr auf der Bühne, wenn auch hinter der Kulisse, „in schlankem Bogen" kräftig ins Gesicht spuckte. Dass sie dabei nicht traf, machte den Skandal nicht geringer. 1930 fühlte sich ein Schreiberling bemüßigt, den anzüglichen Titel *Bagage! Reigen um eine Sängerin* zu veröffentlichen. Der Ehrenbeleidigungsprozess, den Frau Jeritza und ihr damaliger Gatte deswegen vom Zaun brachen, ging zwar in ihrem Sinne aus, war jedoch ihrem Ruf auch nicht gerade förderlich, weil bei solchen Angelegenheiten halt immer etwas hängen bleibt. Aber der Glanz ihrer Stimme und ihre Leistungen auf der Bühne überstrahlten solche und andere Widrigkeiten.
Als sie nach dem Zweiten Weltkrieg wieder nach Wien kam, glich ihr Auftreten einem Triumphzug, und am Attersee feierte man ebenso seine Diva, von der man sagte, sie sei vielleicht schwierig, aber nie langweilig.

Nunmehr hat Unterach den vielen bedeutenden Künstlern, die sich hier aufhielten, ein Denkmal gesetzt. Der Schiffanlegeplatz heißt Gustav-Klimt-Platz, denn der große Maler hat sich nicht nur durch die hiesige Pfarrkirche, sondern auch durch „Häuser in Unterach" zu farbenfrohen Gemälden inspirieren lassen. Es wird aber gleichsam die sonstige Prominenz, die sich hier aufhielt, namentlich jene der jüngsten Zeit, in Fotos präsentiert, und man glaubt es nicht, wie viele es sind, die man werthielt, hier vorgestellt zu werden: die Schauspielerinnen Johanna Matz und Gusti Wolf, den Cellisten Heinrich Schiff, den Conférencier Heinz Conrads, den Dirigenten Franz Bauer-Theussl oder den Liedermacher Georg Danzer. Wohl eine einzigartige Auszeichnung für einen kleinen Ort, der einst zu den unbedeutendsten dieser Gegend zählte.

Weißenbach und Steinbach

Die Umrahmung des Attersees ist im Süden schroff, häufig unzugänglich und eigentlich unfreundlich. Mit einigem guten Willen kann man den schmalen Uferstreifen unter den steil aufsteigenden Felswänden als romantisch empfinden. Aber man wundert sich trotzdem, warum sich gerade hier, in dieser Gegend, die auf den ersten Blick wenig einladend scheint, Künstler, Kulturschaffende und Unternehmer um die wenigen vorhandenen Grundstücke rissen und es heute noch tun, vielleicht mehr noch als früher. Dabei charakterisierte die *Presse* am 10. Juli 2010 den Jahreslauf in dieser Gegend so: Die meisten Besucher würden „mit den spärlicher werdenden Sonnenstunden" die Ufer des Sees verlassen, in der kalten Jahreszeit zeigen demzufolge „die meist nebelverhangenen umliegenden Gebirgsmassive die ganze, ursprüngliche und wenig glamouröse Härte" der Umgebung: „Wer hier nicht geboren ist, sagen die Einheimischen, kommt nicht lange damit klar."

Andererseits ist es aber eine heroische Landschaft von unverkennbarer Dramatik. Man hat die kahlen, düsteren Berge im Hintergrund und blickt auf der anderen Seite über die weite Seefläche, die immer wieder andere Färbungen aufweist, im Sommer mitunter ein Blau von unglaublicher Intensität, hinaus in das weite offene Land, das sich frei und grenzenlos auftut bis zum Horizont.

Rückwärts, in die Welt der Felsen, führen Steige, die wunderbare Szenerien und Ausblicke erschließen. Sie enden hoch oben in einem stillen Almengebiet, das sich hinüberzieht bis zum Wolfgangsee und zum Schafberg. Einmal tut sich eine Kluft auf, ein Riss, der tief in das Innere der Gesteinswelt hineinführt – die Burgauklamm. Links und rechts ragen in dieser Schlucht unheimliche Felsen auf, die mit Steinschlägen immer wieder in Bewegung geraten und die Erschließung der Klamm problematisch machen. Im

Osten steigen schließlich die Wände des Höllengebirges auf, noch kahler, noch schroffer, aber noch reicher an Alpinsteigen und noch prachtvolleren Ausblicken.

Unten aber reiht sich eine geschichtsträchtige Örtlichkeit an die andere, sodass es auch aus diesem Grund ein Genuss ist, sich mit diesem auf den ersten Blick wenig anheimelnden Gebiet zu befassen. Da stößt man bald nach dem Beginn der Straße, die von Unterach hierherführt, auf eine Kapelle, die stilistisch wenig mit sonstigen derartigen Bauten unserer Gegend zu tun hat. Sie wurde von Friedrich Schön entworfen, einem der bedeutendsten Wiener Architekten der Zeit um 1900 – dabei einer tragischen Persönlichkeit, denn er wurde 1941 im Alter von vierundachtzig Jahren zusammen mit seiner Tochter nach Litauen deportiert, wo man ihn alsbald ermordete. Den kleinen Andachtsraum am Attersee gab ein Mann in Auftrag, der seinen Ruhm einer Briefmarkensammlung verdankte – genauer gesagt der bedeutendsten Briefmarkensammlung, die es je gegeben hat. Es war ein Franzose, sein Name lautete Philippe la Renotière de Ferrary, wobei noch weitere Titel anzufügen wären. Er galt zur Jahrhundertwende als einer der reichsten Männer in Europa, doch interessierten ihn hauptsächlich die Postwertzeichen. In Begleitung seiner Mutter, die mit höchsten Persönlichkeiten des österreichischen Kaiserhauses befreundet war, lernte er das Salzkammergut und besonders die Gegend um den Attersee lieben. Eines Tages unternahm er dort eine Bergwanderung, verstieg sich, kam in ein Unwetter und wurde von seinem Freund Eduard Boulenger gerettet. In Todesangst gelobte er den Bau dieser Kapelle und weihte sie dem heiligen Eduard, dem Namenspatron seines Retters. Übrigens hat er sich in diesem Kapellenraum später mit einem anderen Freund, dem „geliebten Bruder“ Albert Arnold Fillatraud „verlobt“ und ihm ewige Treue geschworen, denn er war homosexuell.

Ein anderer seiner Favoriten war Sigmund Friedl, der in Wien einen Handel mit Briefmarken betrieb. Jener war so versessen auf seine Ware, dass er sie mitunter fälschte und die Fälschungen sogar den Sammlern andrehte. Für den toleranten Philippe de Ferrary war das nicht so schlimm, und es machte ihm auch nichts aus, als die Villa Friedl, die er ihm am Südufer des Attersees gebaut und geschenkt hatte, 1906 bis auf die Grundmauern abbrannte. Seine Mittel erlaubten es ihm, das Gebäude umgehend wiederaufzubauen. So steht es noch heute da, es gehört mittlerweile einer italienischen Industriellenfamilie.

Gegen Osten weitet sich das Ufer etwas aus und bildet eine Halbinsel. Dort gab es früher ein direkt am Wasser liegendes Hotel in etwas altertümlichem Baustil, dessen Charme man aus den Bildern der alten Prospekte ersehen kann. Die *Linzer Tagespost* empfahl es am 27. Juni 1875 allen Gästen, „die sich gerne in den Anblick der Wellenferne und Einsamkeit der nahen Waldasyle verlieren“ und merkte an, dass man im Hotel als Kontrast dazu die malerischen Gruppen von „Lakaien aller Farben“ zu Gesicht bekomme. Auch in der Zeit nach dem Zweiten Weltkrieg hatte das Haus seinen Ruf nicht eingebüßt. Die rund um den See wohnende Prominenz wie Otto Tressler oder Heinz Conrads fand sich, häufig auf Motorbooten kommend, hier ein. Das Haus wurde aber 2008 abgerissen, das weitläufige Gelände war schon früher verkauft worden und selbst die Straße, die an diesen bemerkenswerten Punkt der Landschaft vorbeigeführt hatte, wurde gegen den Berg hin verlegt. Dafür entstand in einem pompösen Stil, der an die Villenbauten der Gründerzeit erinnert, der Wohnsitz eines kanadischen Unternehmers, nachdem das Grundstück zuvor noch einem Rüstungsfabrikanten gehört hatte.

Gegen diesen Prunkbau macht das in der Nähe befindliche Waldschlössl einen fast bescheidenen Eindruck. Dennoch war dieser Landsitz 2007 einem russischen

Oligarchen eine märchenhafte Kaufsumme – einen zweistelligen Millionenbetrag – wert. Gewaltig war das Rauschen im Blätterwald der österreichischen Medien, als er es erwarb, und dieses hielt auch an, als man raunte, Wladimir Putin habe sich mindestens einmal selbst in der Atterseevilla aufgehalten. Als Folge des Krieges in der Ukraine räumte der reiche Russe den Besitz – wie es weitergeht, lässt sich derzeit, Stand Herbst 2022, noch nicht absehen.

Es folgt die Ortschaft Weißenbach, eine geographische Bezeichnung, die in dieser Gegend geradezu inflationär in Verwendung ist: In Weißenbach beginnt das Weißenbachtal, das in seinem westlichen Teil vom Weißenbach durchflossen wird – gemeinhin wird er „Äußerer Weißenbach" genannt. Der Bach östlich der Wasserscheide heißt nämlich auch Weißenbach, er mündet in die Traun – aber wo genau? Natürlich in Weißenbach, das amtlich „Mitterweißenbach" genannt wird, denn ein wenig Unterscheidung muss sein: Es gibt ja in der Nähe noch weitere Weißenbäche und Weißenbachorte, und zwar in Bad Goisern, in Ebensee und in Strobl am Wolfgangsee. Das hier gemeinte Tal erstreckt sich von der Traun zum Attersee in einer Länge von ungefähr fünfzehn Kilometern. Auf dieser Strecke gibt es keine einzige Siedlung, ja nur so wenige Häuser, dass man sie an den Fingern einer Hand abzählen kann. Allerdings ist ein ehemaliges Jagdschloss des Kaisers dabei, und daneben findet man die spärlichen Reste einer früheren Sehenswürdigkeit, des sogenannten Aufzugs.

Mit diesem „Aufzug" hat es folgende Bewandtnis: Der Salinenbetrieb in Ebensee und Bad Ischl benötigte Holz in einem Ausmaß, das fast unvorstellbar erscheint. Bis zu 400 Raummeter wurden wöchentlich verfeuert und verbaut, und man musste selbst aus dem Attergau Holz anliefern, um den Bedarf zu decken. Dazu war aber die zwar nicht allzu hohe, aber doch spürbare Passhöhe des Weißenbachtals zu überwinden, was mit Hilfe eines mächtigen Wasserrades geschah, das die Wägen mit den schweren Stämmen auf einem Holzgestell – dem „Aufzug" – einundfünfzig Meter hochhob. Sie landeten dort in einem Schwemmkanal, auf dem sie gemächlich talabwärts getriftet wurden. Von der ganzen Anlage, die 1722 als bemerkenswert frühe technische Errungenschaft errichtet wurde, sind nur mehr geringe Reste zu finden. Wer genau sehen will, wie es einst funktionierte, kann das auf einem Modell im Heimathaus Steinbach in aller Anschaulichkeit studieren.

Der bescheidene Flecken Weißenbach am Ausgang des Tales fällt allenfalls durch das schöne „Europabad" auf, dabei gibt es auch hier viele Gebäude, die sich durch prominente Bewohner auszeichne(te)n. Am auffälligsten ist noch jenes mit der Aufschrift „Wolter-Haus", denn hier residierte eine ganz große Diva des Burgtheaters, Charlotte Wolter. Über kaum eine andere Schauspielerin konnte sich die Kritik so begeistern wie über sie. Ein Jahr nach ihrem Tod urteilte der Journalist Alexander von Weilen, ihr Auftritt habe eingeschlagen „wie ein elementares Ereignis" – und setzte hymnisch fort: „In ihm siegte schon physisch wie künstlerisch das Weib in seiner herrlichsten Erscheinungsform." Berühmt war ihre Stimme, „ein sonores Organ, das jeder Modulation vom Feinsten bis zum vielberühmten Wolterschrei fähig war" (*Deutsche Musik-Zeitung*, Heft 13, 1897). Dieser „Wolterschrei" war ein fast sprichwörtliches Ereignis, leider existiert keine Tonaufnahme davon. Es hieß, sie könne damit „Haare sträuben machen und Grauen erregend wirken. Nie würde der Schrei aus dem Gedächtnis derjenigen schwinden, die ihn im Theater vernommen haben" (*Österreichische Musik- und Theaterzeitung*, Heft 21, 1897).

Während Charlotte Wolter, übrigens seit 1875 verehelichte Gräfin O'Sullivan, nur den Sommer am Attersee verbrachte, wohnte der Pianist Friedrich Gulda die letzten Jahrzehnte seines Lebens ständig in Weißenbach. Hier starb er und am Friedhof von Steinbach ist er begraben – kein einfacher Mensch, aber ein unvergesslicher Künstler mit vielen Facetten. Neben anderen ist hier ferner des bereits erwähnten Schauspielers Otto Tressler zu gedenken, des Schriftstellers Heimito von Doderer, vor allem aber Gustav Klimts, der mehrere Sommer im sogenannten Forsthaus verbrachte.

Damit nähern wir uns dem Zentrum des Ortes Steinbach am Attersee, dessen Kirche, unübersehbar auf einem Hügel gelegen, die Gegend beherrscht. So markant ist dieser Hügel, dass sich die Sage seiner bemächtigte. Man sagt, hier habe sich eine heidnische Kultstätte befunden, man habe später noch in der Erde vergrabene Götzenfiguren entdeckt. Als man die Kirche erbaute, habe man diesen mittlerweile verrufenen Ort gemieden. Erst als Waldvögel immer wieder Holzspäne dorthin transportierten, habe man erkannt, dass ein „höherer Wille" den Bau gerade hier forderte. Auch eine immer noch vorhandene Glocke sei auf geheimnisvolle Weise zur Steinbacher Kirche gelangt: Ein Hirte, heißt es, habe sie hoch oben auf der Alm ausgegraben. Man wollte sie an einen bestimmten Ort bringen – in Steinbach sei aber das Fuhrwerk nicht mehr wegzubringen gewesen, sodass man sie hier auf den Turm gebracht habe.

Auch wenn man sich nicht auf solche sagenhafte „Fakten" einlässt, kann man sich der Stimmung, die auf dem Hügel bei der Kirche herrscht, nicht entziehen. Hinter dem eher bescheidenen Gotteshaus entfaltet sich ein Panorama von seltener Perfektion. Da breitet sich weithin glänzend der Attersee aus: Wenn er seine Farbenpracht entfaltet und in tiefdunklem Blau leuchtet, kommt ihm kein anderer See unserer Gegend gleich. In weitem Bogen sanft hingebettet umschließen ihn die Uferorte Attersee, Nußdorf und Unterach; hinter ihnen steigen bewaldete Flyschberge auf. Nach links aber grenzt das gewaltige Massiv des Schafberges zusammen mit dem Leonsberg das Bild ab – mit vielen Spitzen, Klüften und Abstürzen ergibt sich ein eindrucksvoller Kontrast zu den lieblichen Orten am See. Noch nachhaltiger prägt sich das Bild des Höllengebirges ein, das im Rücken des Betrachters aufragt. Man versteht, warum sich Steinbach mit den Prädikaten „Bergsteigerdorf" oder „sonnigster Ort des Salzkammergutes" schmückt.

Den Reigen der prominenten Gäste sollen zwei weitere Persönlichkeiten beschließen, die Steinbach als Sommerdomizil wählten: Hedwig Bleibtreu und Gustav Mahler. Die eine wurde als die Nachfolgerin der großen Tragödin Charlotte Wolter angesehen, trat aber volkstümlicher auf. Das Haus, das sie sich am Attersee errichtete, unterscheidet sich nicht sehr von den üblichen ländlichen Bauten der Gegend, zumindest nicht von außen. Man muss zweimal hinsehen, um zu realisieren, dass es sich um die „Villa Bleibtreu" handelt. Lange hat sie es nicht bewohnt, kaum war es halbwegs fertig, starb ihr Gatte. Im Jahre 1914, als der Erste Weltkrieg ausbrach, stellte sie das Haus einer Militärstiftung zur Verfügung mit der ausdrücklichen Widmung, „um erholungsbedürftigen k. u. k. Offizieren daselbst eine Unterkunft, eventuell auch einen ständigen Aufenthalt zu gewähren". Dazu muss man wissen, dass Hedwig Bleibtreu starke Beziehungen zum Militär hatte: Sie war die Tochter eines Offiziers, der 1866 an der Schlacht bei Custozza mitgewirkt hatte und für besondere Tapferkeit mit einer hohen Auszeichnung bedacht worden war. Nach dem Ende des Feldzugs widmete er sich dem früheren Beruf, der Schauspielerei, und heiratete eine Berufskollegin. Diese hatte 1868 ein Engagement in Linz und brachte ihre später so berühmte Tochter im dortigen Quartier zur Welt, dem „Gasthof zum Schwarzen Bock", das übrigens kurz zuvor auch Anton Bruckner als Stammlokal gedient hatte. Das Haus am Attersee aber steht bis heute Angehörigen des Österreichischen Bundesheeres zur Verfügung.

Die Erinnerungsstätte an die andere Persönlichkeit liegt am See: ein winzig kleines Häuschen, umgeben von ungezählten Zelten und Wohnwägen. Wer nicht weiß, was es ist, könnte annehmen, es handle sich um einen Nutzbau für den Campingplatz, vielleicht eine Waschküche oder ein WC. Tatsächlich hat es jahrzehntelang für derart profane Zwecke herhalten müssen, bis man sich erinnerte, welche Bewandtnis es mit dieser einfachen Hütte hat, in der einst ein Genie seine Inspirationen empfing: Gustav Mahler. Es war sein „Komponierhäusl". Mahler kam 1893 mit seiner „Familie" – das waren zwei seiner Schwestern, einer seiner Brüder sowie eine Freundin – nach Steinbach, wo sie sich in dem damals noch recht primitiven „Gasthof zum Höllengebirge" einquartierten. Mahler wollte den Aufenthalt zum Komponieren nützen, doch gab es im Gasthaus manche Lärmquelle, die ihn irritierte. So organisierten seine Begleiterinnen am zu dieser Zeit noch unverbauten und ungenutzten Gestade des Sees einen Bau, in dem er in den folgenden Sommern die erwünschte komplette Ruhe fand. Hier entstanden großteils die 2. und die 3. Symphonie in einer Zeit ergiebigen Schaffens, bis im Jahr 1896 ein neuer Pächter im Gasthof einzog und Gustav Mahler den Aufenthalt verleidete. Mit Tränen in den Augen nahm er Abschied von dem liebgewordenen Ort und kam nie wieder.

Heute ist das „Komponierhäusl" ungeachtet seiner skurrilen Lage am Campingplatz eine Gedenkstätte, eingerichtet weitgehend so, wie es Mahler einst nutzte: mit Klavier, Sessel und Stehpult. An den Wänden wird des Komponisten mit Schautafeln und Bildern gedacht. Es wird wenige Orte geben, an denen man sich einem Genie so nahe fühlen kann wie hier – samt der einfachen Baulichkeit am Ufer des weiten, leuchtenden Sees mit Blick auf diesen und das Höllengebirge. Nur die Wiese mit den vielen Blumen, die ebenso wie die übrige Natur in die 3. Symphonie klanglich einfloss, gibt es nicht mehr; die Camper und die Zeltanlagen, die sich statt ihrer hier breitmachen, muss man sich halt wegdenken.

Das West-, Ost- *und* Nordufer *des* Attersees

Fotos:

vorangehende Seite: Schloss Litzlberg auf dem etwa 6 000 m² großen Inselchen, durch einen Steg mit dem nördlichen Westufer des Attersees verbunden. 1313 erstmals als Lehen des Klosters Mondsee erwähnt, präsentiert sich die Insel mit einer wechselvollen Geschichte (mehrfache Besitzerwechsel, Verfall des Schlosses, Wiederaufbau Ende des 19. Jahrhunderts). Heute ist das Schloss im Besitz einer österreichischen Industriellenfamilie und daher für die Öffentlichkeit nicht zugänglich.

diese Doppelseite: Obwohl schon Mitte April, ist es ein eiskalter Morgen hier oben auf dem Gahberg mit Blick nach Südwesten. Der Attersee liegt noch im Schatten, aber die Sonnenstrahlen haben ein paar nahe Bäume – und in weiter Ferne den mächtigen Schafberg mit seiner Spinnerin – schon in warmes Licht getaucht. Ein wunderbares Wechselspiel von Kälte und Wärme.

nachfolgende Doppelseite links: Der spätbarocke Hochaltar der katholischen Pfarrkirche im Ort Attersee.

nachfolgende Doppelseite rechts: Dass ein Porträt seiner aus einer jüdischen Familie stammenden Frau als Marienbild dereinst in der katholischen Pfarrkirche von Nußdorf seinen Platz für die Ewigkeit finden würde, hätte Viktor Adler, der Gründer der Sozialdemokratischen Arbeiterpartei, wohl nicht gedacht, als er seiner Emma die Erlaubnis gab, für den Maler Emanuel Oberhauser Modell zu sitzen.

ORA PRO NOBIS

links: Eine Villa in Nußdorf am Attersee, 1873 von Eugen von Ransonnet-Millez in bürgerlich-feudalem Stil errichtet, deren Gartenanlage mit ihren alten, exotischen Bäumen weithin berühmt ist. Sie wird heute als nobles Seminarhotel genützt.

rechts: Die evangelische Kirche im Ort Attersee. Die kleine gotische Kirche war ursprünglich dem heiligen Martin geweiht, wurde aber, um der neu begründeten evangelischen Gemeinde ein Bethaus zur Verfügung zu stellen, im Jahr 1813 um 480 Gulden an diese verkauft. Die Kirche liegt leicht erhöht im Ort, weithin sichtbar ist der auffallende, neugotische Kirchturm, welcher im Rahmen von Erweiterungsarbeiten 1854 aufgesetzt wurde. Bemerkenswert ist die heutige im Kirchenraum befindliche Kanzel. Es handelt sich um eine Kopie der Pilgramkanzel aus dem Wiener Stephansdom.

Fotos:

links: Im Foyer der Volksschule von Weyregg am Attersee können erstaunlich gut erhaltene Fußbodenmosaike besichtigt werden, deren Entstehen auf das Ende des 2. Jahrhunderts n. Chr. geschätzt wird. Das Motiv des herzförmigen Efeublattes, ein Glückssymbol der Römer, diente als Vorlage für das Wappen von Weyregg.

rechts und nachfolgende Doppelseite: Neben Litzlberg hat der Attersee noch ein weiteres Wasserschloss zu bieten: Schloss Kammer, ursprünglich eine Insel, heute durch Aufschüttung mit dem Ufer fest verbunden. Bereits im 12. und 13. Jahrhundert werden Namen in Verbindung mit Schloss Kammer erwähnt, unzählige Lehnsherren und Lehnsmänner, Käufer, Eroberer und Besitzer folgten im Laufe der Zeit. 1994 gab es den letzten Besitzerwechsel, das Schloss ist in privaten Händen und zeitweise für den Besuch von Kulturveranstaltungen öffentlich zugänglich.

Nußdorf und Attersee

Sagt man „Attersee" und meint den Ort, dann muss man sagen „Attersee am Attersee", denn schon in ihrem Namen gibt die Siedlung zu erkennen, dass sie am See die Hauptrolle spielen möchte und lange gespielt hat. Hier zeichnet sich ein seenaher Hügel durch eine so günstige Lage aus, dass die frühen Beherrscher des Gebietes darauf einen Herrschaftssitz errichteten, und zwar keinen gewöhnlichen, sondern gleich einen Königshof! Dabei handelte es sich um niemand Geringeren als um die Karolinger, das Geschlecht Kaiser Karls des Großen, und vielleicht schon um das ihnen vorangegangene Geschlecht der Agilolfinger. Da gab es einen Arnulf, der später zum Kaiser gekrönt wurde. Von ihm wissen wir mit ziemlicher Sicherheit, dass er sich im Jahr 888 in Attersee aufgehalten und hier Urkunden gefertigt hat. Mehr als hundert Jahre danach schenkte Kaiser Heinrich II. den Attergau dem Bistum Bamberg. Die dortigen Bischöfe kamen alle paar Jahre einmal hierher, sie bauten den Hof großzügig aus und gestalteten ihn zu einer repräsentativen Burg. 1376 verkauften sie ihren Besitz an die Habsburger, diese verlegten den Herrschaftssitz allmählich anderswohin – und die Anlage in Attersee verfiel. Heute kann man rein gar nichts mehr davon erkennen, nur die Umwallung des einstigen Herrschersitzes gibt es noch, die ist aber recht eindrucksvoll. Ein ungefähr sieben Meter tiefer Graben zieht sich an der gesamten Nordseite und teilweise an der Ostseite des Hügels entlang, nur im Westen hat man das historische Denkmal bedauerlicherweise zugeschüttet, um Parkplätze zu schaffen! Anstelle der Schlosskapelle entstand in der Barockzeit eine prächtige Kirche, heute die Pfarrkirche von Attersee und prägend für das Ortsbild.

Aus dem alten Herrschaftszentrum wurde, wie man es auch anderswo manchmal beobachten kann, ein Wallfahrtsort. Es gibt Hinweise, dass schon die hoheitsvolle lebensgroße Marienstatue aus dem Mittelalter, die heute das Zentrum des Hochaltares bildet, von Wallfahrern aufgesucht wurde. Die größere Attraktion war aber dann jenes primitiv gemalte Marienbild, das 1652 hierhergebracht wurde. Es soll sich in der Kirche von St. Georgen im Attergau befunden haben und in protestantischer, bilderstürmerischer Zeit von seinem Standort entfernt worden sein. Eine Frau verwendete es als Verschlussbrett für ihren Hühnerstall. Es fiel aber immer um, was die Besitzerin dermaßen erzürnte, dass sie mit der Hacke darauf einschlug. Wohin sie gedroschen hatte, bildeten sich blutigrote Striemen, die man heute noch am Hals der Madonna sehen kann und die aus dem Bild, das in einem silbernen Rahmen eingefasst und umgeben von kostbaren Spenden der Wallfahrer über dem Hochaltar hängt, ein viel verehrtes Pilgerziel machten.

Abgesehen von diesem merkwürdigen Andachtsgegenstand ist aber die Kirche von Attersee – sie heißt vielfach noch Schlosskirche – ein wahres Juwel voller gotischer und barocker Kunstwerke. Und dabei von eigentümlicher Architektur, denn links und rechts befinden sich Nebenräume, die auch allerhand Sehenswertes bieten. In einem dieser Räume gibt es Votivbilder und wächserne Votivgaben, dazu eine aus vielen kleinen Bildern bestehende Barocktafel, welche die erstaunliche Geschichte der „Madonna mit der Axt" erzählt: einer Marienstatue, die im Lauf der Zeit mancherlei merkwürdige Schicksale erfuhr, denn unter anderem sollte sie zweimal ins Feuer geworfen werden, blieb aber immer unversehrt – doch wurden die Täter irrsinnig, sodass einer von ihnen seine eigene Mutter umbrachte. Obwohl man dem Bild später sogar den Sieg gegen die Türken zuschrieb, setzte es sein Besitzer beim Kartenspiel ein und verlor es prompt, bis es endlich an einem würdigen Platz in einem Wiener Kloster aufgestellt wurde.

Das kurioseste Marienbild findet man freilich in der Kirche des Nachbarortes Nußdorf. Dazu gibt es folgende Geschichte: Als die Familie des Wiener Arztes

Dr. Viktor Adler in Parschallen am Attersee 1887 Urlaub machte, begab sich einmal Frau Emma Adler in den Ort, um Einkäufe zu tätigen. Dabei wurde sie, eine attraktive Dame, von dem Maler Emanuel Oberhauser angesprochen und gefragt, ob sie ihm nicht Modell sitzen wolle. Er habe den Auftrag, für die Pfarrkirche ein Marienbild zu schaffen und suche jemand Geeigneten, den er dafür als Vorbild verwenden könne. Nach einigem Zögern und Rücksprache mit ihrem Gatten sagte die Frau zu. Das Bild, Madonna mit Kind in einem blauen Mantel und mit Krone und den Gesichtszügen der Frau Adler, hängt noch immer an der linken Seite des Gotteshauses. Emma Adler war nicht irgendwer: Sie war die Tochter eines jüdischen Eisenbahnunternehmers aus Debreczin in Ungarn und jüdischen Glaubens. Ihr Mann Viktor Adler betätigte sich in der sozialistischen Bewegung, wurde bald darauf Vorsitzender der von ihm gegründeten Sozialdemokratischen Arbeiterpartei und gilt als deren Urheber und geistiger Vater. Wenn also das Abbild seiner jüdischen Frau bis heute als Madonna die Kirche von Nußdorf ziert, so ist das eigentlich ein schönes Zeichen von Verständnis und Toleranz. Das Schicksal Emma Adlers gestaltete sich allerdings tragisch: Nachdem ihre Tochter einer unheilbaren Geisteskrankheit verfallen war und ihr Sohn den Ministerpräsidenten Österreich-Ungarns erschossen hatte, geriet sie in eine tiefe Depression, unternahm mehrere Suizidversuche und musste in Nervenheilanstalten eingewiesen werden. Ihren Lebensabend verbrachte sie bei ihrem später begnadigten Sohn in der Schweiz. Der Maler Emanuel Oberhauser hingegen, dessen sonstige Schöpfungen sich mit Themen wie „Fest der Venus“ oder „Neptun und die Wassernymphen“ befassten, sei, wie Frau Adler behauptete, im Jahr 1919 verhungert.

Wer in Attersee und Nußdorf weitere Kuriositäten sucht, kann sie finden. Im alten Nußdorfer Gemeindehaus wohnte und amtierte etwa einst ein Tierarzt namens Schorn, der eine Wirtstochter aus St. Georgen im Attergau zur Frau genommen hatte. Am 10. September 1882 wurde ihnen ein Sohn geboren, der hieß Johannes Schorn. Die Familie zog zwei Jahre nach dessen Geburt nach Ungarn. Der Sohn, der gebürtige Nußdorfer, betätigte sich dort später unter dem Namen Károly Huszár als Parteiführer und avancierte im November 1919 zum ungarischen Ministerpräsidenten. Da er dem Friedensvertrag von Trianon, den die Alliierten Ungarn aufzwangen, nicht unterschreiben wollte, trat er im März 1920 zurück.

Ein ausgesprochener Exot war Dom Pedro Prinz von Orléans e Bragança, der sich 1926 im Ort Attersee ein Jagdschloss bauen ließ. Er war einst auf einem Schloss in Brasilien zur Welt gekommen, denn sein Großvater väterlicherseits war dort Kaiser gewesen. Großvater mütterlicherseits war „Bürgerkönig“ Louis Philippe von Frankreich. Macht hatte der Prinz natürlich keine mehr, sowohl Brasilien als auch Frankreich hatten sich längst ihrer Königshäuser entledigt, wohl aber war ihm beträchtlicher Reichtum geblieben und natürlich entsprechendes Standesbewusstsein. In seiner Villa Orléans, wie er das Jagdschloss taufte, wurde nur französisch gesprochen, aristokratische Gäste gingen ein und aus. 1936 zog er mit seiner Familie nach Brasilien zurück, und heute ist in dem Haus unter dem Titel „Villa Weiss“ ein exquisiter Hotelbetrieb etabliert.

Und dann gehört zu Nußdorf, das wie viele andere Attersee-Orte eine Reihe architektonisch höchst bemerkenswerter Sommersitze aufweist, auch Eugen von Ransonnet-Villez. Der war allerdings ein ernstzunehmender Forschungsreisender und Naturwissenschafter. In diplomatischem Dienst bereiste er als Honorar-Gesandtschaft-Attaché vor allem den Nahen Osten, kam aber 1869 auch nach Japan, wo er für den jungen Kaiser einen Bösendorfer-Flügel als Geschenk mitbrachte und ihm mehrere Stücke, darunter eine Polka von Johann Strauss und einen von dessen Walzern, vorspielte – vermutlich das erste Mal, dass am

Hof des Tenno ein Klavier erklang. Da er sein Rechtsstudium nicht abgeschlossen hatte, blieben ihm höhere Posten in der österreichischen Verwaltung versagt, und so entschloss er sich, fortan als freier Wissenschafter und Künstler zu leben, zumal er der Malerei schon seit früher Jugend zugetan war. Insbesondere faszinierte ihn die Welt unter Wasser: Um sie in Ruhe abbilden zu können, konstruierte er seine berühmte „Taucherglocke", eine Art Kasten mit offenem Boden, der von unten her mit Luft versorgt wurde. Die recht interessanten Bilder, die er auf diese Weise schuf, und eine Nachbildung seines Geräts können im Naturhistorischen Museum in Wien besichtigt werden. Sein Nachruf in der *Reichspost* vom 11. August 1926 nennt ihn einen „unermüdlich schöpferischen Mann, dem das Wasser geradezu Lebenselement war", und so ist es nicht verwunderlich, dass er sich am Ufer des Attersees ansiedelte und eine Villa baute. Hier entfaltete er viele Aktivitäten, gründete den „Union-Yachtklub", bemühte sich um die Entwicklung des Fremdenverkehrs und machte aus seinem Grundstück einen Park mit exklusiven Gewächsen, darunter einer gewaltigen sechsstämmigen Riesenzeder, die als Lebensbaum für seine Familie gedacht war. Seine Villa war voll mit Kunstschätzen, ostasiatischem Porzellan und anderem wertvollen Sammlungsgut, brannte aber mitsamt ihrem Inhalt 1929 weitgehend ab. Der Baron musste das nicht mehr erleben, er war zwei Jahre zuvor im hohen Alter von 89 Jahren verstorben. Heute ist sein Haus ein Seminarhotel. Man kann sich am Ransonnet-Themenweg über das Wirken dieses Mannes informieren und die einzigartige Parklandschaft, die er geschaffen hat, genießen.

Segeln war die beliebteste Freizeitbeschäftigung der Sommergesellschaft am Attersee. Da gab es einen Star, der dreimal die österreichische Staatsmeisterschaft gewann: Sein Name war Christian Ludwig, und er segelte für den Rayon Attersee. Wenn er beim Start oder bei der Siegerehrung aufgerufen wurde, hieß es daher „Christian Ludwig, Attersee", und dem jungen Mann, der in erster Linie Maler war, kam die Idee, dies zu seinem Künstlernamen zu machen. Er wohnt nun schon seit Langem am Semmering und im Burgenland, aber seine Bilder haben unbestreitbar etwas vom Attersee mitbekommen: die leuchtenden Farben, den dynamischen Pinselstrich, die Sinnlichkeit und die Fröhlichkeit. Denn so abweisend und düster sich die Landschaft am Südufer des Sees vielleicht präsentiert: Weiter im Norden, wo die Ufer flacher sind, überwiegt die Freude an der prächtigen, offenen Gegend, die so einladend und anziehend wirkt wie das künstlerische Schaffen von Christian Ludwig Attersee.

Weyregg

Weyregg ist unter allen Attersee-Orten derjenige, der am wenigsten besungen und der am wenigsten von Prominenten aufgesucht wurde: ein ruhiges, ländliches Dorf. Frühen Reiseschriftstellern war die Gegend gar zu ruhig und zu wenig attraktiv im Vergleich zu der Dramatik des Südufers, von dem sie kamen. „Es ist so schön", schreibt Joseph August Schultes 1809, „an einer Anzahl ländlicher Sitze vorbeyzurudern, die ebenso viele niedliche Seelandschäftchen dem lüsternen Auge gewähren; es ist so schön, eine weite, offene, grüne Seefläche um sich fluthen zu sehen; aber auch das Schöne verliert an Reitz, wenn es zu oft wiederkehrt." Er rät, den Attersee nicht seiner Gänze nach zu befahren und so „alle Gefahr jenes Ehemannes zu vermeiden, der an der Schönheit seiner zärtlichen Gattin Langeweile bekam".

Die heutigen Touristiker werden solche Empfehlungen mit Empörung zur Kenntnis nehmen, denn der Gegend von Weyregg fehlt es keineswegs an Reizen. Die Gemeinde breitet sich auf einem weiten Schwemmkegel aus, dahinter steigt das Gelände sanft an, sodass sich angenehme Wanderwege ergeben. Umrahmt wird das alles von Bergzügen, die bis auf 864 Meter und weiter bis auf 1 034 Meter ansteigen. Der Blick auf den Attersee ist grandios, besonders wenn die Wasserfläche im Sommer in unglaublich blauer Farbe leuchtet und glitzert.

Dass diese Landschaft, die sich eines besonderen Sonnenreichtums rühmte, schon die Römer anzog, beweist ein Gutshof, der um 180 n. Chr. hier angelegt und etwa hundert Jahre später auf geradezu luxuriöse Weise umgebaut wurde. Dem Eigentümer genügte nicht einfach ein Haus, hinzu kam noch eine Wandelhalle von einunddreißig Meter Länge. Dass alles mit Fußbodenheizung versehen war, gehörte bei einem vornehmen Römer zum Standard. Nicht weniger als sechzehn verschiedene Mosaikböden brachten Abwechslung in die Gebäude. Einige Bruchstücke sind erhalten geblieben, davon liegt eines im Eingangsbereich der Volksschule von Weyregg, ein anderes befindet sich im Gemeindeamt, wo ein Ausstellungsraum für die Römerfunde eingerichtet ist. Es gab auch ein Badehaus und etliche landwirtschaftliche Gebäude.

Zum ersten Mal stießen Arbeiter 1767 beim Bau eines Weges auf die Mauerreste. Sie meldeten es dem Grafen Khevenhüller, welcher der Sache nachging und tatsächlich ein Mosaik entdeckte. Dies wird wohl eine der ersten archäologischen Untersuchungen im heutigen Österreich gewesen sein. Seither kamen jedes Mal, wenn man im Boden des betreffenden Bereiches Baumaßnahmen durchführte, Mauern aus der Römerzeit und Mosaike ans Licht. 1830 begab sich der Korrespondent der *Wiener Zeitung* nach Weyregg, um der Sache nachzugehen. Der dortige Wirt führte ihn „durch seinen Garten über Wiesen und Zäune zu einer kleinen Erhöhung, wo die Erde aufgegraben und die Reste eines gewölbten Fußbodens von grober Mosaik sichtbar waren". Es gab auch eine „mannshohe Vertiefung", in welche der Besucher hineinsprang. Er befand sich dann in „einem kleinen Kämmerchen" und man erzählte ihm von einem Skelett, das auf dem Boden gelegen war. Der Schulmeister berichtete von einer Stange, die man an einer anderen Stelle in die Erde gestoßen hatte und die plötzlich den Händen entglitten war, worauf sie nie mehr gesehen wurde. „Die Kinder fanden oft farbige kleine Steinchen", wenn sie mit Messern die Erde aufgruben, ja es heißt sogar, dass „die Schulbuben sich mit den lose umherliegenden Mosaiksteinchen spielten und gegenseitig bewarfen". Dieser unbefangene Umgang mit den Altertümern hielt bis 1924 an, als die Herrin des nahen Schlosses Kogl, Theodora Gräfin Kottulinsky, die Sache in die Hand nahm und einen Fachmann aus Graz mit weiteren Forschungen beauftragte. Seither kam es laufend zu Ausgrabungen, die bis heute nicht vollständig abgeschlossen sind. Vor Kurzem etwa fand man ein Mosaik, so schön und so groß, wie es in Oberösterreich noch nie gefunden wurde.

Römerspuren fanden sich in Weyregg aber nicht nur zu Lande unter den Wiesen, sondern auch im Wasser des Attersees. Man suchte dort 1975 nach Pfahlbauten und stieß auf festgefügte Mauern, die offenbar nicht der Bronzezeit zuzuordnen waren. Sie wurden als römische Hafenanlage gedeutet, einzigartig im ganzen Seengebiet, wie überhaupt nördlich der Alpen so etwas sonst nirgends zu finden ist. Mehr als vierzig Meter ragen zwei Molen in den See hinaus, draußen verbindet sie eine weitere mit dreiundvierzig Meter Länge, sodass eine abgegrenzte trapezförmige Fläche von ungefähr 1 390 Quadratmetern entsteht. Die Forscher, die sich mit diesem Gebilde befasst haben, zerbrachen sich den Kopf darüber, was es bedeuten solle. Die eingängigste Erklärung besagt, wie soeben erwähnt, dass es sich um eine Hafenanlage handle, später meinte man aber, es sei als Fischzuchtbecken zu interpretieren. Sicher ist nur, dass das Ganze auf die Römerzeit zurückgeht und mit dem Gutshof in Verbindung stand.

Während das Westufer des Attersees schon in der Römerzeit durch eine Straße erschlossen war, lag das römische Anwesen von Weyregg abseits des Verkehrsnetzes. Vermutlich gelangte man zu ihm in erster Linie auf dem Wasserweg. Auch in späteren Jahrhunderten war der Ort zu Lande schwer erreichbar. Auf dem See aber herrschte reger Verkehr, nicht zuletzt wegen der vielen Wallfahrer, die so ihrem Ziel St. Wolfgang zustrebten. Es ist überliefert, dass 1543 König Ferdinand für einen missliebigen ungarischen Magnaten, den er in Haft genommen hatte, einen sicheren und abgelegenen Verwahrort suchte und dabei an Schloss Kammer am Attersee dachte. Der damalige Eigentümer widersprach und meinte, der Platz sei ungeeignet, weil dort die Kirchfahrt nach St. Wolfgang vorbeiziehe und viele unbekannte Personen aus Böhmen, Ungarn und anderen Nationen in großer Zahl vorüberreisten. Aber auch die Weyregger waren eifrige Wallfahrer: Am 24. September 1742 bestiegen mehr als hundert von ihnen eine Plätte, die sie nach Unterach bringen sollte, von dort wollten sie nach St. Wolfgang gelangen. Das Boot war überladen und das einzige Bodenbrett brach unter der Last durch. Achtundachtzig Personen sanken in die Fluten und gingen zugrunde, da kaum jemand schwimmen konnte. Es heißt, dass der Ort nachher wie ausgestorben war, viele Häuser standen fortan leer. Eine Kapelle nahe dem Seeufer erinnert heute noch an das Unglück.

Gegen Ende des 19. Jahrhunderts waren es nicht mehr so sehr die Pilger, welche den Ort passierten – der Tourismus setzte ein, wenngleich vielleicht noch etwas später als in den anderen Attersee-Orten. Am 11. August 1894 rühmte die *Linzer Tages-Post* „die angenehmen Bäder, die schönen Ausflüge zu Wasser und zu Land, die wahrhaft ländliche Ungezwungenheit und endlich die wenn auch nicht gerade besonders günstigen, aber doch annehmbaren Verpflegsverhältnisse". Allerdings beschrieb noch am 24. September 1924 dieselbe Zeitung Weyregg als einen „stillen, nur dem Sucher sommerlicher Beschaulichkeit bekannten Weiler".

Dabei wälzte man zu Beginn des 20. Jahrhunderts Pläne für eine Verbesserung der Verkehrslage. Man träumte von einer Bahn, welche von Gmunden über Pinsdorf, Reindlmühl und dann durch das anschließende Bergland nach Weyregg führen sollte. Es war ein kühnes Unterfangen, denn die Strecke wäre ja zum Großteil in menschenleeren Waldgebieten verlaufen. Dementsprechend schwierig gestaltete sich die Finanzierung. Man appellierte an den Gemeinderat von Gmunden, dort habe man „als größte und meist interessierte Gemeinde die moralische Verpflichtung, mit einem guten Beispiel voranzugehen" und entsprechende Mittel beizusteuern. Wenn man aber weiß, zu welchem Zeitpunkt die *Salzkammergut Zeitung* diese Meldung brachte, nämlich am 5. Juli 1914, knapp nach dem Attentat von Sarajevo, kann man sich vorstellen, warum aus dem Vorhaben nichts wurde, denn mit dem Ersten Weltkrieg änderten sich die Verhältnisse grundlegend.

Dafür spielte Weyregg nach dem Zweiten Weltkrieg eine bemerkenswerte Rolle, und das kam so: Der oberösterreichische Landeshauptmann Heinrich Gleißner war 1938 von den Nationalsozialisten abgesetzt worden und hatte nach zwei Aufenthalten in Konzentrationslagern „Gauverbot" erhalten. Er lebte daher in Berlin und schlug sich 1945 auf abenteuerlichem Weg nach Weyregg durch, wo seine Familie untergebracht war. Bald war er wieder der führende Politiker in Linz. Im Sommer 1945 hielt er sich bei seiner Familie am Attersee auf, und dort wurde er von Bundeskanzler Leopold Figl aufgesucht. Es kam zu einem intensiven Gespräch, in dem es um die Einheit Österreichs ging. Man klärte ab, wie man vorgehen müsse, damit diese Einheit gewahrt bleibe und damit nicht – wie noch in Deutschland – die sowjetisch besetzte Zone vom Rest des Staatsgebietes abgetrennt würde. Ein Denkmal vor dem Gemeindeamt erinnert an diese bedeutsame Zusammenkunft, die letztlich auch dazu beitrug, dass unser Land die Kriegsfolgen überwinden konnte.

Abgesehen von solchen historischen Reminiszenzen sollte noch manches in Weyregg erwähnt werden, etwa ein Aquarium oder ein Gasthaus mit einer Sammlung von Memorabilien aus der Kaiserzeit. Wer aber die Landschaft in der Fülle ihrer Schönheit erleben will, dem sei der Gahberg empfohlen, der sich hinter dem

Ort aufbaut. Wenn nicht gerade eine Veranstaltung oben stattfindet – der Berg ist stark in das Leben der Bewohner eingebunden, auch von Gustav Klimt sind fröhliche Ausflüge dorthin überliefert –, wird man auf der weiten Wiesenfläche am Gipfel eine feierliche Stille erleben, noch dazu, wenn man den Blick schweifen lässt auf die funkelnde Fläche des Sees, auf das Höllengebirge und auf den Schafberg. Eine kleine Kirche lädt zu einem Besuch ein, es ist die Wallfahrtskirche am Gahberg, die nicht nur von Einzelpersonen aufgesucht wird. Dreimal im Jahr pilgert die Pfarre Weyregg hinauf, einmal verbindet sie es mit einem Kirtag.

Wie ließe sich da noch von einer langweiligen Gegend sprechen? Nicht nur die Stille animiert, auch die Vielfalt dessen, was man erleben kann. Das ist der Zauber der Seenlandschaft des Salzkammergutes.

Kammer-Schörfling und Seewalchen

Betrachtet man das Panorama des Attersees von Norden, dann lässt es sich nur als „grandios" bezeichnen: Die weite Wasserfläche ist nicht endlos, nicht grenzenlos und nicht über das menschliche Maß hinaus groß, wie es beim Meer der Fall ist, sondern sie wird rundum eingefasst und eingerahmt – im Süden von den fernen Bergen und im Nahbereich von bewaldeten, locker besiedelten Hügeln und Kuppen, die das Bild behaglich und freundlich gestalten. In einem breiten, ruhigen Bett strömt die Ager aus dem Attersee, als wolle sie etwas von seiner Schönheit hinaustragen in die Lande, welche sie in der Folge zu durchfließen hat.

Es verwundert nicht, dass diese Gegend schon seit frühester Zeit Menschen anzog. Dass diese wegen der landschaftlichen Schönheit hierherkamen, wäre freilich eine unbegründete Vermutung. Geht man der Geschichte jener Zeiten nach, muss man weit ausholen bis in jene Jahrhunderte, als die Menschen allmählich den Wert der Sesshaftigkeit erkannten und das unstete Leben des Jagens und Sammelns nach und nach aufgaben. Die Spuren ihrer ersten Siedlungen am Mondsee und Attersee reichen in die Steinzeit zurück, sie sind beinahe sechstausend Jahre alt und lagen an den Ufern der Seen, so auffällig, dass man früher meinte, die Häuser seien auf Pfählen und Podien direkt in das Wasser gebaut worden – die Folge: Der romantische Mythos von den Pfahlbauten entstand.

Heute weiß man, dass der Wasserspiegel damals auf niedrigerem Niveau war und die Siedlungen sich im halbwegs trockenen Uferbereich befanden, dort, wo sie geschützt waren, wo man Bauflächen ohne allzu mühsame Rodungen gewinnen konnte und wo sie als Ausgangsbereich für Fischfang, Jagd und Kultivierung des angrenzenden Landes dienen konnten. Die erste dieser Siedlungen, die in Oberösterreich entdeckt wurde, lag an der Agermündung, wo „unförmlich dicke Scherbenstücke mit ganz grobem Quarzsandgemenge" und darunter eine „Culturschichte" zu Tage kamen. Wir schreiben das Jahr 1870, der Finder hieß Graf Ladislaus Gundaccar von Wurmbrand-Stuppach und war steirischer Landeshauptmann mit einem Faible für Archäologie. Es folgten weitere Fundstellen am Attersee und am Mondsee, und bald wusste man, dass das, was die Pfahlbauer hinterlassen und was sie weggeworfen hatten, durch das Seewasser hervorragend konserviert wurde. Selbst Gegenstände aus Holz, Nahrungsreste und dergleichen kamen zutage und ließen die Lebensumstände deutlich erkennen, die vor so vielen Jahrtausenden vorherrschten.

Zunächst waren die Wissenschafter nicht ganz so auf Draht wie beispielsweise ein Fischer namens Theodor Wang, der den Seegrund mit einer Art Bagger durchstöberte und alles, was er fand, zu Geld machte, indem er es – hauptsächlich an den Besitzer einer Seewalchener Sommervilla, nämlich Max Schmidt – verhökerte. Dieser brachte etwa viertausend solcher Fundstücke, darunter bis zu siebenhundert Steinbeile und eintausend Tongefäße, in sein Domizil nach Ungarn, wo die ganze Sammlung im Zweiten Weltkrieg zugrunde ging. Nicht nur diese Funde waren verloren: Auch die Kulturschicht im See war an vielen Stellen für immer durchwühlt, sodass dort, wie es schien, nicht mehr viel zu finden war. Im Jahr 1911 entstand eine populäre Attraktion, nämlich ein nachgebautes Pfahlbaudorf in der Nähe von Kammer, in dem sich die Besucher ein anheimelndes Bild vom schönen Leben über den Wellen machen konnten. Mit der Pflege haperte es freilich, einerseits weil jeder ohne Bezahlung Zutritt hatte, andererseits weil man sich während des Ersten Weltkrieges wenig um die Anlage kümmern konnte. Das hölzerne Camp verfiel und wurde schließlich für einen Film mit dem Titel *Sterbende Völker* (1922) spektakulär den Flammen übergeben.

So richtig in Schwung kam die Suche nach den Pfahlbauresten ab den 1950er Jahren, als man begann, die Seegründe mit modernen Tauchgeräten abzusuchen. Dabei sind örtliche Forscher als Pioniere anzusehen, etwa Walter Kunze aus Mondsee oder Johann Offenberger aus Linz. Seither wurde die Unterwasserarchäologie immer mehr perfektioniert, mehrere Pfahlbaustationen an Mond- und Attersee wurden als UNESCO-Welterbe anerkannt, und durch viel Öffentlichkeitsarbeit wird die uralte Kultur der heutigen Bevölkerung nahegebracht. Man erfährt etwa, dass die Pfahlbauer so ziemlich die Ersten waren, die im alpinen Raum Siedlungen bauten, Äcker bestellten und Tiere züchteten. Ihre Kultur wurzelt in der Steinzeit und reicht bis in jene Epoche, als man bereits mit Metall manipulierte, vorerst mit Kupfer. Man erfährt, wie die Leute lebten, wie sie sich kleideten, welche Tiere sie jagten und woraus ihre Nahrung bestand. In Seewalchen, Attersee und Mondsee stehen frei zugängliche Pavillons, die den Besuchern diese Lebensverhältnisse nahebringen; in Mondsee und Vöcklabruck finden sie in den Heimatmuseen reichhaltige Sammlungen der Fundgegenstände aus dem See.

Von da weg könnte man die weitere Geschichte der am Nordufer gelegenen Orte aufrollen: von den Römern, die hier etliche Spuren hinterließen, darunter den steinernen Kopf eines rätselhaft ins Leere starrenden Mannes in der Pfarrkirche von Seewalchen, bis zu den wechselnden Besitzern der Herrschaft im Attergau, denn diese ging im Mittelalter sozusagen von Hand zu Hand, immer wieder verpfändet und wiedergewonnen, anderweitig vergabt und anderen übergeben, bis im Jahr 1581 das aus Kärnten stammende Geschlecht der Khevenhüller zum Zug kam. Diese Familie konnte sich dann im Attergau jahrhundertelang halten und ließ eine abwechslungsreiche Geschichte ablaufen.

Da wäre zunächst Hans Khevenhüller, den sein Vater, ein vermögender Kärntner Adeliger, bei Hof einführte, und der dort eine so gute Figur machte, dass ihn der Kaiser zum Gesandten nach Spanien berief – eine Position, die er sechsundzwanzig Jahre innehatte. Er war auch dort beliebt und geachtet, sodass ihn König Philipp II. sogar zum Kardinal erheben wollte; er sollte zudem in die Niederlande gehen, um die dortigen Aufständischen zu beruhigen – eine Aufgabe, die dann letztendlich Herzog Alba mit viel Blutvergießen „löste". Der weitsichtige Khevenhüller lehnte beides ab, er repräsentierte weiterhin seinen Wiener Auftraggeber, was zwar ehrenvoll, aber mit einer Menge an Pflichten und Kosten verbunden war. Dem Gesandten ging bald das Geld aus, und er wandte sich an den Kaiser, der jedoch ähnlich klamm war. Er verpfändete ihm daher die Herrschaft Attergau, und da zum Einlösen des Pfandes das Geld genauso fehlte, verkaufte er es ihm schließlich.

Da Khevenhüller natürlich nie Zeit fand, sich um die neu erworbenen Besitzungen zu kümmern, ließ er sie von seinem Bruder Bartholomäus verwalten, der dieser Aufgabe mit gewissenhafter Umsicht nachkam. Er war dreimal verheiratet, hatte vierzehn Kinder und hing im Gegensatz zu seinem Bruder,

der in kaiserlichem Dienst natürlich katholisch sein musste, der Lehre Luthers an. In Schörfling, das als „Trutzburg“ des Protestantismus galt, amtierten nun zumeist protestantische Prädikanten. Das änderte sich, als 1613 der Sohn des Bartholomäus, Franz Christoph Khevenhüller, die Herrschaft Kammer antrat. Er war zum Katholizismus konvertiert und sah es als seine Aufgabe an, auch seine Untertanen „rechtgläubig“ zu machen. Schon in den ersten Jahren nach seinem Amtsantritt kam es allerdings zu Unruhen, etwa als er eines Tages mit seiner Gattin zur Kirche fuhr und von einer Volksmenge attackiert wurde, die mit Spießen bewaffnet zusammengelaufen war. Er musste umkehren, beschloss aber, die am Auflauf beteiligten Bauern „abzustiften“, das heißt, ihnen ihre als Lehen vergebenen Güter einzuziehen, was dann allerdings doch nicht geschah. Die Attergauer beteiligten sich aber weiter an den Bauernaufständen der nächsten Zeit, besonders am großen Oberösterreichischen Bauernkrieg 1626. Als Folge der Niederlage, die sie dabei erlitten, wurden Soldaten in den Häusern einquartiert, welche die Bewohner ausplünderten und schikanierten; es gab laufende „Bekehrungsversuche“ und sogar die Vertreibung der Widerspenstigen ist dokumentiert.

Es war eine dunkle Zeit, denn zu den Kriegsfolgen kam auch noch die Pest, die der Reihe nach die Leute dahinraffte. Den Grafen Khevenhüller berührte die Not seiner Untertanen weniger. Mit den Abgaben, die sie erbringen mussten, leistete er sich eine aufwendige Bautätigkeit. So wurde das Schloss Kammer, das sein Vater als Herrschaftssitz gewählt hatte, weiträumig ausgebaut; man errichtete einen Rittersaal und eine Kapelle. Die Schörflinger beglückte der Graf mit einem Loreto-Heiligtum, das an die Kirche angefügt wurde und fast so groß war wie diese selbst. Es handelte sich um eine Nachbildung des heiligen Hauses von Loreto in Italien, das in der Gegenreformation eine große Rolle spielte: Damit sollte der Ort Attersee ein Wallfahrtsort werden. 1787 wurde die Gnadenstätte durch einen Brand bis auf die Grundmauern zerstört und nicht wieder aufgebaut.

Von den folgenden Grafen ist nichts Besonderes zu vermerken, außer dass Franz Ferdinand Anton, der um 1700 über sechzig Jahre lang die Herrschaft innehatte, sein Schloss Kammer in barocker Manier ausgestalten ließ, und zwar durch einen bekannten Baumeister – den Linzer Johann Michael Prunner. Er hatte aber einen Bruder namens Ludwig Andreas, der zum berühmtesten Mitglied der Familie wurde. Dieser interessierte sich von Jugend an für das Heerwesen, wurde vom Prinzen Eugen geschult und stieg zum Feldmarschall empor, der glänzende Siege, unter anderem gegen die Türken, erfocht. Als Maria Theresia nach ihrer Thronbesteigung von den Bayern hart bedrängt wurde, vertrieb er die in Oberösterreich eingedrungenen Feinde, setzte ihnen bis München nach und wurde damit zum „Retter der Monarchie“. „Wenn er sie führte“, heißt es in den Quellen, „gingen seine Soldaten der größten Gefahr beherzt und zuversichtlich entgegen“, denn er habe sie, wie seine Grabinschrift vermeldet, „immer zum Sieg geführt“.
Im Gegensatz zu diesem ruhmbedeckten Kriegshelden führten seine Verwandten am Attersee weiterhin ein eher unauffälliges Leben, bis sich im Jahr 1848 Graf Hugo Anton einen veritablen Tritt in ein Fettnäpfchen leistete. Im damaligen Revolutionsjahr wurde er zum Bürgermeister von Schörfling gewählt. Darüber hinaus hatte er eine Nationalgarde ins Leben gerufen, die noch dazu, so heißt es, im Oktober aufbrach, um auf Seiten der Bürger gegen den Fürsten Windischgrätz zu kämpfen, denn der war mit der Niederschlagung des Aufstandes beauftragt. Wenngleich die Attergauer Freiheitskämpfer nicht weit kamen, verzieh ihnen der Kaiser die Aktion nie und entzog dem Grafen Hugo Anton für immer seine Gunst. Obzwar die Fakten etwas umstritten sind, bleibt doch die Überlieferung, dass Kaiser Franz Joseph offenbar nie den Nordteil des Attersees aufsuchte, sondern bei Schifffahrten in Weyregg wenden ließ, um nicht das missliebige Schloss

Kammer zu sehen; dass er ferner bei Jagden darauf achtete, Kammer nie zu Gesicht zu bekommen, und dass er den Khevenhüller jede Gnade, um die sie ansuchten, abschlug.

Graf Hugo Anton zog sich mit seiner Gattin resigniert nach Wien zurück; Herrin auf Schloss Kammer war nun seine einzige Tochter Ida, die sich zusammen mit ihrem Gatten August von Horvath mit Vehemenz der Entwicklung des Tourismus am Attersee hingab. Sie ließ neben dem Schloss, wo heute das Hafenbecken „Marina" liegt, ein weitläufiges Hotel errichten, das als „Luxusbetrieb allervornehmsten Ranges" geführt wurde und für 300 Gäste ausgelegt war. Sie rief außerdem die Dampfschifffahrt auf dem See ins Leben, betrieb den Bau der Bahn nach Vöcklabruck und veranstaltete glamouröse Feste, etwa eine „Venezianische Nacht mit bengalischer Beleuchtung". Allerdings gab ihr der Erfolg ganz und gar nicht recht: Sie verschuldete sich zusehends und setzte ihre Hoffnung letztlich auf ihren Sohn Anton von Horvath, der sich mit der einzigen Tochter eines „Wiener Capitalisten" namens Perradona verlobt hatte. Die Mitgift sollte reichen, um die Schulden zu tilgen. Als aber der junge Husaren-Leutnant kurz vor der Hochzeit zum Gasthof Litzlberger Keller ritt, um dort bei einem Brand zu helfen, stürzte er vom Pferd und starb an den inneren Verletzungen. Nichts wurde es mit Heiratsgut und Betriebsnachfolger: Im weiteren Verlauf mussten Schloss, Hotel und sonstiger Besitz verkauft und versteigert werden, und auch das Ehepaar Horvath zog sich verbittert nach Wien zurück. Sie hinterließen nur eine Tochter, Josephine, die sich kümmerlich mit Klavierstunden durchbrachte und 1939 einsam starb. Das war das Ende der ruhmreichen Familie Khevenhüller, jedenfalls ihres Attergauer Zweigs, denn der Kärntner Stamm blüht nach wie vor, unter anderem als Besitzer der Festung Hochosterwitz.

Schloss Kammer ging derweil von Hand zu Hand, ehe es sich 1925 eine Bankierstochter aus Berlin, die sich auch als Schauspielerin betätigte, in den Kopf setzte, das exklusive Objekt zu erwerben: Eleonora von Mendelssohn, später verehelichte Jeszenszky. Sie wird als eine wunderschöne Frau geschildert, als unermesslich reich und intellektuell, doch exzentrisch und dem Morphium verfallen. Besonders schwärmte sie für den Salzburger Regisseur Max Reinhardt, half diesem einmal sogar mit einem großen Geldbetrag aus, und scharte, wie die *Kleine Volkszeitung* ehrfurchtsvoll meldete, eine erlesene Gesellschaft im Schloss um sich: darunter Arturo Toscanini, Carl Zuckmayer, Pablo Casals, das Herzogpaar von Windsor und viele andere. Mit dem Jahr 1938 war freilich Schluss mit dieser Geselligkeit, die Hausherrin war nach New York emigriert und die Zeitungen wie auch das *Kleine Volksblatt* änderten den Ton: „Im Schloss Kammer residierte durch viele Jahre eine jüdische Schieberclique, die fleißigen Zuzug aus der Aristokratie, der Freimaurerschaft und dem ausländischen Judentum erhielt. Es gab hier wüste Gelage und allerlei ekelerregende Vorfälle, die bei der Bevölkerung Unwillen hervorriefen." Das „arisierte" Gebäude wurde fortan Schulungsheim und beherbergte später Lehrgänge zur Fortbildung junger Künstler. 1947 wusste die Presse freilich zu berichten, dass die Zustände während der Zeit des Nationalsozialismus den meisten Einheimischen wenig „sympathisch" gewesen wären, und hoffte, dass gerade dort, „wo früher die Jugend gedrillt und zu Kanonenfutter erzogen wurde, nun Heimstätten einer neuen, freien Jugend" geschaffen würden (*Neue Zeit* vom 22. Mai 1947). Heute steht das Schloss im Eigentum der Familie Max-Theurer, welcher die Olympiasiegerin im Springreiten, Elisabeth „Sissy" Max-Theurer, angehört. Immer wieder wird es für stimmungsvolle Konzerte und weitere kulturelle Veranstaltungen geöffnet.

Meist ist es freilich nicht zugänglich, doch ergibt sich das, was man von Schloss Kammer kennt, ohnehin aus der Außenansicht, denn Gustav Klimt hat es mehrfach in berühmten Bildern gemalt. Für ihn bedeutete der Attersee stets wiederkehrende Inspiration, denn von rund fünfundfünfzig Landschaftsgemälden, die er schuf, zeigen mehr als vierzig den See und seine Umgebung als Motiv. Von 1900 bis 1916 kam er fast jeden Sommer hierher, was vor allem mit seiner Lebensfreundin Emilie Flöge und ihrer Verwandtschaft zusammenhing. Bei dieser Frau handelte es sich um seine Schwägerin, denn ihre Schwester hatte den Bruder Gustav Klimts geheiratet, ihr Bruder wiederum hatte Therese Paulick zur Frau, die Tochter des kaiserlichen Hoftischlermeisters Friedrich Paulick, der in Seewalchen eine prächtige Villa besaß, die heute noch durch ihren extravaganten Baustil auffällt. Wer die komplizierten Verwandtschaften zu durchschauen vermag, dem sei gesagt, dass ein anderer Schwiegersohn des Tischlermeisters, Paul Bacher, der in Wien eine Kunsthandlung und Galerie betrieb, mit Gustav Klimt befreundet war. Er brachte diesen 1900 in den Kreis um Paulick, zu dem, wie erwähnt, auch Emilie Flöge gehörte. Wie immer dieser Familienclan entstand und wie immer man Emilie Flöge einstuft – als Lebensmenschen Gustav Klimts, als seine Muse oder als seine Lebensgefährtin: Für den Maler waren die Sommer am Attersee gewiss die schönste Zeit seines Lebens. Die Fotografien, die man im Gustav Klimt-Zentrum in Schörfling zu sehen bekommt, zeigen eine legere, heitere Gesellschaft von Menschen, die sich bestens miteinander verstehen und die sich gerne inspirierenden geistigen Genüssen, aber auch körperlichen Betätigungen sportlicher Art hingeben. Emilie Flöge betrieb in Wien erfolgreich einen Modesalon, beschäftigte zeitweise bis zu achtzig Schneiderinnen und entwarf Reformkleider, die ohne Korsett lang wallend niederfielen. Als tüchtige, gewinnorientierte Unternehmerin wird sie geschildert, auf den Bildern tritt sie uns als ein sonniges Gemüt entgegen, stets freundlich lächelnd, während Gustav Klimt sarkastisch wie ein „Waldschrat" dreinschaut, als der er auch schon bezeichnet worden ist. Das Produkt dieser Beziehung sind vor allem Landschaftsbilder voller Lebensfreude, voller Liebe und Hingabe zur Natur, voller Zuneigung zur Landschaft am See.

Das erste Quartier, das Gustav Klimt 1900 am Attersee bezog, war der etwas westlich von Seewalchen und etwas westlich von der Villa Paulick gelegene Braugasthof Litzlberg. Die dortige Gegend ist leicht hügelig, nicht allzu dicht verbaut und bietet herrliche Ausblicke über den Attersee. Litzlberg kennt man heute hauptsächlich durch den riesigen, 45 000 m² großen Freibadeplatz, den das Land Oberösterreich dort angelegt hat. Es gibt dort aber auch ein Schloss, das malerisch auf einer Insel liegt. Früher hatte es nicht allzu viel Bedeutung, doch im romantischen 19. Jahrhundert stach es dem reichen Wiener Baron Eduard von Springer ins Auge, der es 1893 hauptsächlich deswegen kaufte, um das von ihm dort erbaute Schlösschen der Opernsängerin Marie Renard, die er hingebungsvoll verehrte, zu Füßen zu legen. Die Mühe war vergeblich: Die Diva, die in Wien unglaubliche Begeisterungsstürme auslöste, heiratete einen Grafen Kinsky, der sich ihretwegen hatte scheiden lassen. Der Baron Springer blieb hingegen solo auf seiner Insel und starb dort 1916 als Junggeselle. Heute gehört die Insel einer oberösterreichischen Industriellenfamilie.

Vom Schafberg sind wir damit nun ziemlich weit entfernt, denn der Attersee ist fast zwanzig Kilometer lang. Aber wer oben am Berg steht und nach Norden blickt, für den beherrscht der majestätische Attersee das Blickfeld. Man wird die Aussicht auch dann noch im Gedächtnis behalten, wenn man vom Nordufer des Sees zurückblickt auf die Bergkette, und zur Erkenntnis kommt: Dieser See und der Schafberg gehören zusammen.

Leichte Wanderungen

rund um den Schafberg

INRI

Nicht nur kulturhistorisch ist der Raum rund um den Schafberg außergewöhnlich interessant. Seine vielfältige Landschaft erschließt sich vor allem dem Wanderer, wobei dieser nicht unbedingt die hohen Gipfel der Region aufsuchen muss, so großartige Eindrücke diese auch bieten mögen: Sie werden in den Büchern des Alpenvereins und in der sonstigen Literatur ausführlich geschildert. Es genügen selbst kleinere Wanderungen und Spaziergänge, von denen hier eine Auswahl vorgestellt werden soll. Die meisten führen über angelegte und angezeichnete Wege. Es ist also keine besondere Ausrüstung erforderlich. Auch die Höhenunterschiede halten sich in Grenzen. Dort, wo diese Kriterien nicht zutreffen, ist das jeweils angemerkt.

Rund um den Wolfgangsee

St. Wolfganger Höhenwege

Kurz nach dem Gemeindeamt zweigt von der Hauptstraße nach rechts der Kalvarienbergweg ab. Er führt in einer weiten Schleife über steiles Wiesengelände und im letzten Stück durch den Wald nach oben. Die Kapellen des Kalvarienberges, die mit prächtigen Bildern ausgestattet sind, begleiten ihn, oben steht die Kalvarienbergkirche. Der Blick auf den Ort ist wunderbar. Von der Kirche kann man in alle Richtungen weitergehen, etwa nach links über den sogenannten Malersteig (beschildert) durch den Wald hinab in den Ort, oder in derselben Richtung zu den Dittelbach-Wasserfällen (Abstieg am Ende des nach links führenden Weges; etwas steil). Oder man geht von der Kirche nach rechts und kommt nach herrlichen Ausblicken auf den Ort und den See zum sogenannten Ahornplatz, von dem der Weg in den Markt hinabführt.

ca. 1 Stunde ↔
↕ ca. 100 hm

Schwarzensee

Der klassische Schwarzenseeweg, ein ziemlich langer und insofern nicht ganz leichter Weg, zweigt beim Hotel Peter von der Hauptstraße ab. Er ist durchwegs markiert. Unterwegs liegt die Jausenstation „Holzerbauer". Von dort weg geht es durch Wald bis zum „Sattel", dem höchsten Punkt. Der Weg ist in diesem Bereich manchmal ziemlich steil. Ab dem „Sattel" fällt er ab, es ist nicht mehr weit bis zum See.

Am Schwarzensee, der von Bergen und Wald umgeben ist, laden zwei Gasthausbetriebe zur Einkehr ein: das altrenommierte Gasthaus „Zur Lore" und der „Almstadl". Man kann den See, der auch mit dem Auto ab Rußbach erreichbar ist, in etwas weniger als einer Stunde auf weitgehend ebenem Weg umrunden, man kann aber ebenso weitergehen in die urtümliche Almenlandschaft gegenüber, die „Moos" genannt wird. Für den Rückweg empfiehlt sich der romantische „Wirersteig", der durch Felsen führt, aber nur für trittsichere Wanderer mit gutem Schuhwerk geeignet ist. Er endet nach unzähligen Stufen in Schwarzenbach, von wo der Bus nach St. Wolfgang fährt.

2 Stunden
(St. Wolfgang
→ Schwarzensee)
↕ ca. 300 hm

Riedersteig

ca. 2 ½ Stunden ↔
↕ ca. 100 hm

Vom Schafbergbahnhof geht man bergauf bis zur nächsten Kreuzung und von dort nach links. Nach dem Gasthof „Försterhof“ zweigt der beschilderte Schafbergweg ab. Man folgt diesem bis zur Abzweigung „Rieder Steig“. Der Weg führt zunächst halbwegs eben ein Stück durch den Wald und geht dann in einen richtigen Bergsteig über, der – gut beschildert – bergauf und bergab führt. Gutes Schuhwerk ist hier erforderlich, besonders im allerletzten, ausgesprochen steilen Stück, knapp bevor der „Rieder Steig“ in den Falkensteinweg einmündet. Von dort kann man auf der Oberen oder Unteren Rieder Straße nach St. Wolfgang zurückwandern. Der „Rieder Steig“ verläuft zumeist durch den Wald und bietet immer wieder Ausblicke auf den See.

Bürglpromenade

ca. 1 Stunde
↕ ca. 40 hm

Bürglstein heißt der runde Berg, der bei Strobl in den See hineinragt. Er ist seeseitig durch eine prachtvolle Promenade erschlossen. Sie setzt dort an, wo die Ache aus dem See fließt und zieht sich an der Südseite des Berges entlang, bis sie über lange, hölzerne Stege mit herrlicher Sicht weiterführt. In der Folge gibt es auch eine kurze Steigung. Will man dort nicht umkehren, dann kann man den Berg auf einem schmalen Weg durch den Wald umrunden. Im letzten Stück dieser Umrundung muss man allerdings auf der Straße gehen, sofern man es nicht vorzieht, über die Straßenbrücke den Fluss zu überqueren und dann auf dem schönen Uferweg bis zum Ausgangspunkt zurückzugehen. Hier und auf der Promenade selber laden charakteristische Sitzbänke – genannt „G'schmå-Platzln“ – zur Rast ein; „G'schmå“ meint im Dialekt der Gegend übrigens „behaglich“.

Hinweis: Die Promenade ist problemlos begehbar, eine kurze Steigung muss man aber in Kauf nehmen. Im Wald hat der Weg vielfach den Charakter eines Steiges.

Seeweg nach Abersee

Entlang des Ufers des Wolfgangsees ziehen immer wieder wunderschöne Wege. (Man kann sie übrigens auch miteinander verbinden und den See in etwa sechs Stunden umrunden, das einzige schwierige Stück dieser Wanderung ist der Falkenstein.) Eine besonders angenehme Wanderung führt von Strobl sechs Kilometer weit westwärts bis zur ehemaligen Schiffstation der Salzkammergut-Lokalbahn. Sie beginnt beim Kaufhaus Kienberger und weist keinerlei Steigung auf, dafür herrliche Blicke auf St. Wolfgang und den Schafberg. Im Verlauf des Weges kommt man an einem öffentlichen Badeplatz („Wassbad") vorbei. Am Beginn der Wanderung sollte man das Blinklingmoos nicht übersehen, eine renaturierte Landschaft mit interessanter Flora, die man am besten bei dem weitum sichtbaren Aussichtsturm überblicken kann. Am Ende des Weges kann man mit dem Schiff nach Strobl zurückfahren.

🕒 1 ½ Stunden
kinderwagentauglich

Kleefeld

Zum Gasthof Kleefeld kommt man entweder über eine Autostraße (oben beim Gasthaus: gebührenpflichtiger Parkplatz) oder über einen Fußsteig, der 200 Meter westlich vom Gasthaus Weberhäusl in Weißenbach ansetzt und relativ steil emporgeht. Oben erwarten uns nicht nur der gut geführte Gasthof „Kleefeld", ein Wildgehege, ein Streichelzoo und ein Kinderspielplatz, sondern auch ein Wanderweg, der ziemlich eben in das Weißenbachtal hineinführt. Nur im letzten Stück fällt der Weg etwas ab. Er endet bei der Hubertuskapelle in einer schönen, urtümlichen Almenlandschaft. Man kann die Wanderung fortsetzen auf die Schartenalm (grandiose Aussicht auf den See) und so den Sparber umrunden. Dies ist dann aber keine ganz leichte Tour mehr.

Hinweis: Ab Kleefeld ist der Weg auch kinderwagentauglich.

🕒 30 Minuten
(→ Ghf. Kleefeld)
und weitere 45 Minuten
(→ Hubertuskapelle)
↕ ca. 170 hm
(Ghf. Weberhäusl → Ghf. Kleefe

Vom Zinkenbach zum Bauernhof „Vitz am Berg"

Ein kurzes Stück oberhalb des Gasthauses „Zinkenbachmühle" tritt der Zinkenbach aus einem romantischen Engtal hinaus in flachere Gefilde. Es lohnt sich aber, in diesen Graben hineinzuwandern: Der Weg folgt dem Lauf des Baches, links und rechts ragen Felsen auf, das Wasser ist wunderbar klar. Nach etwa einer halben Stunde, nach einer kurzen Steigungsstrecke, zweigt nach links ein Weg zu „Vitz am Berg" ab, einem idyllischen Bauernhof mit prachtvollem Blick auf St. Wolfgang und den Schafberg. Man folgt der Straße bergab; im Wald gelangt man zum Aberseeweg, dem man nach links folgt; so kommt man zum Ausgangspunkt zurück.

Hinweis: Der Weg im Zinkenbachgraben ist breit und kinderwagentauglich, derjenige zum Bauernhof „Vitz am Berg" steiler und schmäler.

🕒 ca. 1 ½ Stunden
↕ ca. 100 hm

Vom Fürberg zum Enzerwinkel

ca. 1 ¼ Stunden (St. Gilgen → Enzerwinkel)

Der Weg ist leicht zu finden, man wandert vom Zentrum St. Gilgens auf der Mondseestraße ortsauswärts und hält sich immer an das Seeufer. Vorbei an schönen Badegelegenheiten und Villen gelangt man nach Brunnwinkl, einer malerischen Gruppe von alten Häusern an der nordwestlichen Ecke des Sees. Hier beginnt der eigentliche Seeweg: eine Promenade, die zum renommierten Gasthof Fürberg und weiter über den Josef-Ebner-Weg in den Wald unterhalb des Falkensteins führt. Hier ist man nicht mehr direkt am Ufer, doch empfehlen sich Abstecher zu den sagenumwobenen Örtlichkeiten Ochsenkreuz und Hochzeitskreuz. Zuletzt kommt man zum Enzerwinkel, einer traumhaften Stelle zwischen Felsen und Wasser.

Hinweise: Bis Brunnwinkl geht man auf der verkehrsarmen Mondseestraße, dann auf einem breiten und bequemen Weg. Die Steigungen sind minimal. Etwa 300 Meter nach dem Gasthaus Fürberg beginnt der Weg auf den sagenumwobenen Falkenstein. Es handelt sich wohl um *den* klassischen Wanderweg am Wolfgangsee. Er ist aber außergewöhnlich steil und kann daher nicht als „leichte Wanderung" qualifiziert werden.

St. Gilgen, „Weg um's Dorf"

ca. 1 ½ Stunden; wandert man bis Lueg und entlang des Seeufers zurück, ca. 2 ¼ Stunden

Es handelt sich um einen gemütlichen Spaziergang, bei dem man Ort und Landschaft von St. Gilgen aus verschiedenen Blickpunkten bewundern kann. Beginnend im Zentrum bei der Kirche geht man die Mondseer Straße ortsauswärts bis zum öffentlichen Bad und zweigt dort bei einer kleinen Brücke nach links ab. Dann führt der Weg im Wesentlichen immer geradeaus am Seniorenwohnhaus vorbei, schließlich über Wiesen hinauf zum „Haus am Hang" und zur Pension „Mozartblick"; weiter nach links, quer durch die Bergfeldsiedlung, dann die Pöllinger Straße bergauf. Durch den Mühlenweg kommt man in ein Tal, aus dem der Weg nach Laim führt. Von dort kann man nach St. Gilgen absteigen und unten auf dem Waldweg nach Lueg weiterwandern.

Hinweis: Der Weg ist mitunter ein schmaler Wiesenpfad.

St. Gilgen, Steinklüfte

ca. 2 Stunden ↔ ↕ ca. 100 hm

Vom Zentrum von St. Gilgen wandert man die Steinklüftstraße ortsauswärts, überquert an deren Ende die Bundesstraße und gelangt dann über ansteigendes Gelände auf beschildertem Weg zu den Steinklüften. Die Steinklüfte sind ein interessantes Bergsturzgebiet, ein romantischer Abenteuerspielplatz, und werden mit ihren Höhlen und unterirdischen Gängen besonders die Kinder faszinieren. Man findet eine „Teufelsschlucht", eine „kalte Kuchl" und andere interessante Örtlichkeiten. Wer es sich zutraut, kann in einer halben Stunde den Gipfel des Plombergsteins (864 Meter) ersteigen und genießt dort eine fantastische Aussicht auf den Wolfgangsee.

Hinweis: Im oberen Teil Waldweg; der Weg zum Plombergstein ist mitunter ausgesetzt und nicht ganz leicht.

Blick auf den Wolfgangsee Richtung Nordwesten von der Laimeralm. Im Vordergrund Strobl, in der Bildmitte die Wiesenhänge von St. Wolfgang mit dem prominenten Kirchturm, weiter links die Falkensteinwand, hoch droben der Schafberg.

Mondsee

Hilfberg

Hinter der Kirche von Mondsee führt die ziemlich steile Hilfbergstraße in ungefähr zehn Minuten zur sogenannten Hilfbergkirche, einem recht anmutigen kleinen Gotteshaus, das im Inneren vollständig mit Werken des Mondseer Barockbildhauers Meinrad Guggenbichler ausgestattet ist. Dort befindet sich auch der Eingang zu dem überaus sehenswerten Bauern- und Freilichtmuseum. Man kann dann auf ebenem Weg beliebig weit weiterspazieren. Schlägt man etwas später die rechte Straße ein, so finden sich Wege, die nach unten führen, von wo man entlang des Seeufers, durch den Seepark und durch die Lindenallee zum Zentrum zurückgelangen kann.
Hinweis: Auf den Hilfberg – ungefähr 70 Meter über Mondsee – und weiter führen asphaltierte Straßen.

ca. 1 Stunde

Erlachmühle

Vom Zentrum des Marktes Mondsee geht man über die Rainerstraße zum Friedhof und zweigt dort nach rechts zur Hierzenbergerstraße ab. Sie führt durch die uralten Gebäude eines Sensenwerkes in den romantischen Waldgraben der Zeller Ache, das sogenannte Helenental, benannt nach einer Fürstin von Wrede. Der Weg führt unter der Autobahn durch, an einem mitten in den Bach gesetzten Kreuz vorbei und endet bei der „Erlachmühle", einer immer noch betriebenen Holzofenbäckerei, an die auch eine recht gemütliche Jausenstation angeschlossen ist. Man kann dann auf der Vogelsanggasse, über Obergaisberg (Weg zum Leidingerhof mit einem wunderbaren Panorama über den Mondsee) und auf der Gaisbergstraße zur Rainerstraße und damit zum Ausgangspunkt zurückgehen.

ca. 2 Stunden

eben, kinderwagentauglich

Konradweg

Der Weg ist zwar unter die „leichten Wanderwege" einzuordnen, er ist allerdings lang und nur ausdauernden Gehern zu empfehlen. Ausgangspunkt ist die Pfarrkirche von Oberwang, zu der man am besten im Bus von Mondsee aus fährt. Im Inneren ist am Hochaltar eine Märtyrerszene, ein recht realistisches, wenn nicht brutales Werk Meinrad Guggenbichlers zu bewundern. Von dort geht es zur gotischen Konradkirche und weiter in den Wald zu der Kapelle, bei welcher der Abt 1145 erschlagen wurde und bei der eine heilsame Quelle fließt. Von dort führt der Weg über die sanften Hänge der Berge nördlich des Mondsees, und es bieten sich immer wieder prachtvolle Blicke auf den See und auf den Schafberg. Der Weg endet am Hilfberg oberhalb des Marktes, von wo man in das Zentrum des Ortes hinabsteigt.
Hinweise: Es handelt sich häufig um einen schmalen Wiesen- oder Waldweg; ein paar Steigungen muss man in Kauf nehmen.

3 Stunden

Zur Theklakapelle

ca. 2 Stunden

Der Weg beginnt bei der Kirche St. Lorenz, in deren unmittelbarer Nähe eine Brücke die Fuschler Ache überquert. In weiterer Folge gelangt man zur musealen Wistaudermühle, die bereits um 1850 erbaut wurde und deren Arbeitsweise man anhand entsprechender Beschreibungen studieren kann. Der Weg wendet sich von dort nach Westen – bis zu einer beschilderten Abzweigung, die zur Theklakapelle weist. Es geht dort ein kurzes Stück bergauf und dann eine halbe Stunde durch den Wald bis zu der malerisch über dem Klausbach gelegenen Kapelle. Sie wurde vor mehr als hundert Jahren als Dank für die Rettung vor einem Unwetter errichtet. (In der Nähe beginnt der immer stark frequentierte Klettersteig zur Drachenwand.) Will man nicht hier wieder absteigen, so empfiehlt es sich bis Plomberg weiterzuwandern und von dort zum Ausgangspunkt zurückzukehren.

Hinweise: Geringe Steigung, großteils ein Waldsteig – daher mit Kinderwagen nicht zu empfehlen.

Vom Mondsee zum Attersee

2 Stunden ↔

eben, kinderwagentauglich

Das Gasthaus See am östlichen Ende des Mondsees ist ein recht uriger und empfehlenswerter Betrieb. Einst befand sich hier die Endstation der vom Attersee kommenden Bahn, die als nordischer Pavillon in Stabbauweise errichtet war. In der Ortschaft See wurde auch eine der wichtigsten Pfahlbaustationen aufgefunden. Man überquert den Ausfluss des Mondsees und biegt dann gleich nach links ab. Zunächst hat man das weiträumige Gelände einer pharmazeutischen Fabrik zu durchwandern, dann wird der Weg recht idyllisch und behaglich, und zwar bis zum Attersee, den man in einer Stunde erreicht. Man kann dann geradeaus weitergehen bis zu einem schönen Badeplatz, der eine willkommene Abkühlung bietet. Zurück muss man allerdings auf dem gleichen Weg wandern.

Von Unterach zum Edelkastanienwald

Ausgangspunkt ist die Kirchengasse von Unterach, die man aufwärts wandert. Es folgen die Straßen Hausstatt und Klostergasse und schließlich nach rechts abzweigend ein Wiesenweg, über den man zur Umfahrungsstraße gelangt. Diese überquerend, kommt man über einen kurzen beschilderten Weg zum Edelkastanienwald und zum Waldlehrpfad. Man folgt ihm, bis er wieder zur Umfahrungsstraße hinabführt, geht auf dieser ein Stück zurück und kann dann über den Hugo-Wolf-Weg und die Jeritzastraße, vorbei an vielen Villen und Seegrundstücken, zum Ausgangspunkt zurückwandern. Überall gibt es herrliche Ausblicke auf den See und die umrahmenden Berge. Eine kurze Abzweigung beim Kastanienwald führt zum Jubiläumsbaum, einem markanten Punkt in wunderschöner Lage.

Hinweis: Waldwege durch den Kastanienwald und entlang des Waldlehrpfads

ca. 1 ½ Stunden ↔

↕ ca. 150 hm

ca. 1 ½ Stunden ↔ oder mehr, je nach Startpunkt

↕ ca. 150 hm

Egelsee

Der Egelsee liegt ungefähr 150 Meter über dem Attersee, misst etwa einen Hektar und ist ein besonderes Juwel der Landschaft, zumal er als streng geschütztes Naturschutzgebiet eine einzigartige Flora aufweist. Zwischen Unterach und Parschallen zeigen immer wieder Hinweisschilder den Weg dorthin an, sodass man es sich aussuchen kann, wo man startet. Für Kinder besonders attraktiv ist jener Weg, der vom Badeplatz Kohlbauernaufsatz (Bushaltestelle Zettelmühle) emporführt. Dabei benützt man den Märchenwanderweg, der mit einer Vielzahl von Zwergen und anderen Figuren ausgestattet ist. Oben gelangt man über herrliche Blumenwiesen zum Egelsee. Von dort kann man in etwa 20 Minuten zum schön gelegenen Gasthaus Druckerhof wandern, eine ideale Einkehr mit großartigem Panorama. Auch den Rückweg kann man – so wie den Anstieg – individuell gestalten.

Nixenfall

Der ideale Startplatz liegt beim Europabad in Weißenbach. Man kann von dort den sogenannten Künstlerweg einschlagen, der an Friedrich Gulda und andere prominente Bewohner und Gäste des Ortes erinnert. An seinem Ende muss man etwa einen Kilometer weit die Straße benützen, bis man nach rechts zum Nixenfallweg kommt. Er führt durch den Wald und ist besonders für Kinder interessant, weil es allerlei Attraktionen, Zwergenfiguren, ein Wasserrad und ähnliches gibt. Der Wasserfall selbst hat eine Höhe von ungefähr 50 Metern und ist ein recht romantischer Rastplatz. Beim Rückweg wählt man dort, von wo man zum Nixenfallweg gekommen ist, den schönen, nach der Burgschauspielerin Charlotte Wolter benannten Weg, der entlang des Weißenbaches direkt zum Europabad zurückführt.

ca. 2 Stunden

eben, bis auf die Straße zum Nixenfall kinderwagentauglich

Steinbacher Kirchenweg

Der südliche Ortsteil von Steinbach trägt den Namen „Forstamt". Man findet dort am Ufer des Sees einen „Parkplatz Forstamt", an dem man das Auto abstellen kann. Gegenüber führt der Weg entlang einer Plantage ein kleines Stück empor, bis er sich nach links wendet und dann über locker verbautes Land zur Kirche von Steinbach führt. Unterwegs beachte man die barocke Wiener Kapelle und im Tourismusbüro ein Mosaik von Christian Ludwig Attersee, das Gustav Mahler darstellt. Von dem prachtvollen Aussichtsplatz hinter der Kirche geht es weiter, entweder gleich hinunter zur „Villa Bleibtreu" oder noch ein Stück durch den Wald, jedenfalls in beiden Fällen zur Ortschaft Seefeld mit ihrem riesigen Campingplatz, auf dem auch das Komponierhäusl Gustav Mahlers zu finden ist. Der Rückweg führt den See entlang neben der Straße, dabei kommt man an einem schönen Rastplatz mit einem Denkmal für Gustav Mahler vorbei.

ca. 2 Stunden ↔

kaum Steigungen

Dr.-Gleißner-Weg

🕒 ca. 2 Stunden ↔
bequemer breiter Weg; im letzten Stück eine Steigung von rund 100 Metern

Man startet beim „See-Alpaka-Shop" im Zentrum von Weyregg, überquert dort die Straße und folgt der Wachtbergstraße, die in der Folge nach rechts in den Dr.-Gleißner-Weg übergeht. Er wird auch als „Weyregger Wasserroas" bezeichnet, weil er beim Aquarium beginnt und mit einer Fülle von Tafeln ausgestattet ist, die auf die Besonderheiten des Attersees und seines Wassers hinweisen. Zudem führt er in der Nähe einer Alpaka-Zucht vorbei und bietet ununterbrochen wunderbare Ausblicke auf den See. Von Alexenau kann man mit dem Schiff zurückfahren; verkehrt kein solches, wird man bestimmt nicht ungehalten sein, wenn man auf dem schönen Dr.-Gleißner-Weg wieder zum Ausgangspunkt zurückgehen muss.

Agermühlenweg

🕒 ca. 2 Stunden ↔
meist eben, kinderwagentauglich

Wer einen besonderen Weg, etwa für einen Nachmittagsspaziergang, sucht, dem sei dieser empfohlen, der auch als Siebenmühlenweg bekannt ist. Er beginnt dort, wo die Ager mit großartiger Geste aus dem Attersee ausfließt. Zur Linken befindet sich das Schloss Kammer mit einer davor angelegten Freizeit- und Badeanlage, rechts die Seepromenade von Seewalchen. Einige hundert Meter flussabwärts kommt man zur sogenannten Wasserschöpf, einem beliebten Badeplatz der Einheimischen. Dann geht es entlang des ruhig dahinströmenden Gewässers dahin. Am Fluss oder neben ihm liegen in der Folge sieben Mühlen, die zwar nicht mehr in Betrieb sind, aber als charaktervolle alte Gebäude stehen geblieben sind. Einige davon gehen bis in das Mittelalter zurück. Den Abschluss bilden eine idyllische Badeinsel und die ehemalige Papierfabrik Pettighofen. Von dort kehrt man wieder zum Ausgangspunkt zurück.

Foto nachfolgende Doppelseite: Ein letzter Blick vom Schafberg hinunter Richtung Südosten auf St. Wolfgang, den Bürglstein und Strobl.

Literatur

Marie-Theres **Arnbom** „Die Villen vom Attersee. Wenn Häuser Geschichten erzählen" Wien 2018

Friedrich **Barth** „St. Wolfgang Heimatbuch" St. Wolfgang am Wolfgangsee 1975

Erich **Bernard**/Judith **Eiblmayr**/Barbara **Rosenegger-Bernard**/ Elisabeth **Zimmermann** (Hrsg.) „Der Attersee. Die Kultur der Sommerfrische" Wien 2008

Helmina von **Chézy** „Norika. Neues, ausführliches Handbuch für Alpenwanderer und Reisende" München 1833

Kevin **Clarke**/Helmut **Peter** „Im Weißen Rössl. Auf den Spuren eines Welterfolgs" St. Wolfgang 2009

Iris **Fink**/Roland **Knie** „Überlandpartie! Kabarett auf Sommerfrische" Wien 2018

Karl von **Frisch** „Fünf Häuser am See" Berlin/Heidelberg 1980

Gemeinde St. Gilgen (Hrsg.) „St. Gilgen am Wolfgangsee einst und heute" St. Gilgen 2017

Dietmar **Grieser** „Nachsommertraum" St. Pölten/Wien 1993

Dietmar **Grieser** „Verborgener Ruhm. Österreichs heimliche Genies" Wien 2004

Gustav **Gugenbauer** „Graf Hans Wilczek und Oberösterreich" in Christliche Kunstblätter 74. Jahrgang Heft 7–9 Linz 1933

Joseph **Handl** „Schauspieler des Burgtheaters" Wien/ Frankfurt am Main 1955

Fritz **Hennenberg** „Ralph Benatzky. Operette auf dem Weg zum Musical" Wien 2009

Ralf **Hochhauser**/Hermann **Erber** „Oberösterreichische Almen" Wien/Graz/Klagenfurt 2008

Janisch Medien KG (Hrsg.) „Die seltsame Villa des blutigen Oscar und die Geburt eines Welterfolgs" Bad Ischl o. J.

Christian **Kloyber**/Christian **Wasmeier** „Das Bürglgut. Von der Großbürgerlichkeit zur Restitution" Innsbruck/ Wien/Bozen 2011

Andreas **Kopf**/Peter **Pfarl** „Die bemalte Decke aus dem 16. Jahrhundert im Schloss von St. Wolfgang" in Heimatblätter 51. Jahrgang Heft 3/4 Linz 1987

Gottfried **Kuppelwieser** „Schafberg Panorama. 100 Jahre Zahnradbahn" St. Gilgen 1993

Michael **Kurz**/Helmut **Peter** „Familie Peter – Bürger von St. Wolfgang" Gmunden 2011

Alexander **Lernet-Holenia** „Strahlenheim" Wien/Graz/ Klagenfurt 2014

Manfred **Mohr** (Schriftleiter) „Der heilige Wolfgang in Geschichte, Kunst und Kult" Katalog der oberösterreichischen Landesausstellung 1976 Linz 1976

Alfred **Mück**/Franz **Pölzleithner** „Unterach am Attersee. Chronik" Unterach 1990

Guido **Müller** „Das Gebiet des Halleswiessees im Salzkammergut. Ein landeskundlicher Überblick" in Oberösterreichische Heimatblätter Jahrgang 26 (1972) Heft 1/2 S. 47–53

ÖBB, Bundesbahndirektion Linz (Hrsg.) „75 Jahre Schafbergbahn" Linz 1968

Gustav **Rasch** „Nach Ischl, Salzburg und Gastein!" Berlin 1861

Roman **Rocek** „Die neun Leben des Alexander Lernet-Holenia. Eine Biographie" Wien 1997

Susanne **Rolinek**/Gerald **Lehner**/Christian **Strasser** „Im Schatten der Mozartkugel" Wien 2009

Susanne **Rolinek**/Gerald **Lehner**/Christian **Strasser** „Im Schatten von Hitlers Heimat" Wien 2010

Franz Xaver **Rohrhofer** „Krone, Krummstab, Seidenfaden, St. Wolfgang und Oberösterreich" St. Wolfgang am Wolfgangsee 2006

Adolph **Schaubach** „Handbuch für Reisende durch die Länder Salzburg, Obersteyermark, das Oesterreichische Gebirgsland und Salzkammergut“ Jena 1850

Joseph Victor von **Scheffel** „Bergpsalmen“ Stuttgart 1883

Hilde **Spiel** „Die hellen und die finsteren Zeiten. Erinnerungen 1911–1946“ München 1989

Hilde **Spiel** „Welche Welt ist meine Welt? Erinnerungen 1946–1989“ München 1990

Johann **Stehrer** (Hrsg.) „Strobl am Wolfgangsee. Naturraum, Geschichte und Kultur einer Gemeinde im Salzkammergut“ Strobl 1998

Wolfgang **Straub** „Literaturlandschaft Wolfgangsee“ Salzburg 2011

Josef **Strobl** „Abt Johann Christoph II. Wasner, Abt von Mondsee (1592–1615)“ in Jahrbuch des oberösterreichischen Musealvereins Band 145/1 Linz 2000

Joseph Franz Emil **Trimmel** „See- und Alpenbesuche in den Umgebungen von Ischls“ Wien 1842

Benno **Ulm** „Die Familie Schwanthaler“ in Katalog der oberösterreichischen Landesausstellung 1974 Linz 1974

Georg **Wacha** „St. Wolfgang und das Wallfahrtswesen im 16. und 17. Jahrhundert“ in „Der hl. Wolfgang und Oberösterreich“ Linz 1972

Sigismund **Freiherr von Zedlitz** „Die Pilgerreise des Heinrich von Zedlitz nach Jerusalem 1493“ Würzburg 2010

Leopold **Ziller** „Vom Fischerdorf zum Fremdenverkehrsort. Geschichte St. Gilgens und des Aberseelandes“ 2 Bände St. Gilgen 1975

Leopold **Ziller** „Aberseer Namenbuch“ St. Gilgen 1976

Leopold **Ziller** „St. Gilgen am Abersee, Pfarrgeschichte einer Salzburger Dorfgemeinde“ St. Gilgen 1969

Index

Weitere Bücher von Peter Pfarl

Die Traun

In Fußmärschen vom Ursprung, dem Kammersee bis zur Zizlau, dem Mündungsort: Folgt man dem 153 Kilometer langen Fluss, so zeigen sich keltische Siedlungen und Burgen, Schlösser, kaiserliche Jagdreviere, prunkvoll ausgestattete Kirchen, Sommersitze des Geldadels und Villen ehemaliger Geistesgrößen. Außerdem war und ist die traumhafte Gegend ein Magnet für Kunstschaffende. Es öffnen sich freundliche bergumstandene Becken, dann geht es durch düstere, enge Täler, an Landschaften von spektakulärer Schönheit vorbei und schließlich, im Unterlauf, fließt die Traun breit und behäbig durch flaches Land.
Mit Fotos von Karin und Wolfgang Mayerhoffer

208 Seiten, durchgehend farbig bebildert
21 x 24 cm, Hardcover
ISBN 978-3-7025-0927-9, € 30,–

Chiemgau und Rupertiwinkel
Über Königsschlösser, Lüftlmaler und Zauberberge

Chiemgau und Rupertiwinkel sind heute Herzstücke des Freistaates Bayern, wohl bekannte und viel besuchte Urlaubsgegenden. Aber wer kennt sie wirklich? Sie weisen unendlich viele Geheimnisse und Sonderbarkeiten auf, von einem angeblichen Meteoriteneinschlag in der Keltenzeit über das Märchenschloss König Ludwigs II. und die Chiemseemaler bis zu Alois Irlmaier, der die Zukunft voraussehen konnte. All diese Merkwürdigkeiten sollen in diesem Buch vorgestellt werden. Lassen Sie sich von dieser wunderbaren Landschaft und ihren Geschichten verzaubern!
Mit Fotos von Toni Anzenberger

176 Seiten, durchgehend farbig bebildert
21 x 24 cm, Hardcover
ISBN 978-3-7025-0821-0, € 25,–

Unterirdisches Salzburg

Verborgenes in Stadt und Land

Begeben Sie sich auf die Reise ins unterirdische Salzburg – Sie werden viel Neues und Unerwartetes kennenlernen! Die Stadtberge sind durchlöchert wie Schweizer Käse, Parkgaragen, alte Luftschutzkeller und selbst die Anlagen der Festspielhäuser reichen weit in das Innere hinein. Die Festung und andere Wehranlagen haben in ihrem Untergrund Kasematten und Gefängnisse, unter vielen Kirchen dehnen sich Krypten und Grüfte, die Reste der Römerstadt Juvavum schlummern unter Plätzen und Häusern. Und um 1600 befiel die Erzbischöfe eine seltsame Lust, künstliche Grotten und Höhlen nachzuformen.
Mit Fotos von Toni Anzenberger

160 Seiten, durchgehend farbig bebildert
21 x 24 cm, Hardcover mit Schutzumschlag
ISBN 978-3-7025-0723-7, € 25,–

Mystisches Salzburg

Sagenhaft, Urwüchsig, Verborgen

Ein informatives und reich illustriertes Lese-Bilder-Buch zur mystischen Seite Salzburgs: Es gibt mystische Vorstellungen und Bräuche, der Untersberg spielt eine große Rolle, aber auch die Perchten und die Wilde Jagd. Einsiedeleien waren im ganzen Land verbreitet, die Erzbischöfe hielten sich Hofzwerge, und die Romantiker gaben sich einem übertriebenen Naturgenuss hin. Hinzu kommen die bedeutenden Leistungen wie die Kupfergewinnung in der Bronzezeit, die Taten der Gründerheiligen Rupert und Virgil, die Lehren eines Paracelsus oder die kunstvollen Bauten der Barockfürsten.
Mit Fotos von Toni Anzenberger

176 Seiten, durchgehend farbig bebildert
21 x 24 cm, Hardcover mit Schutzumschlag
ISBN 978-3-7025-0650-6, € 25,–

Mit ΛNTON PUSTET in die Berge – Buchempfehlungen

Elsbeth Wallnöfer, Peter M. Kubelka und Bodo Hell

Wilder Dachstein

Der wohl prominenteste Gebirgsstock der nördlichen Kalkalpen, der Dachstein, mit seiner beispielhaften Erschließungs- und Entwicklungsgeschichte birgt nach wie vor Geheimnisse, die es zu entdecken gilt. Bodo Hell, als Alpenhirt über Jahrzehnte im Gebiet tätig, berichtet aus persönlicher Erfahrung. Elsbeth Wallnöfer, Volkskundlerin, durchforstet mit ihrem kritischen Blick historische und aktuelle Quellen. Peter M. Kubelka, Fotograf, hat keine Strapazen gescheut, unterschiedlichste Motive einzufangen.

„... ein Buch zum Staunen über historische und aktuelle Fakten und eine atemberaubende Landschaft."
(Ö1 Leporello)

194 Seiten, durchgehend farbig bebildert
21 x 24 cm, Hardcover
ISBN 978-3-7025-0889-0, € 30,–

Bären sind auch nur Tiere oder was ist ein Bärenanwalt?

Es ist das, wonach es klingt. Der Bärenanwalt ist ein redlicher Beruf. Bärenanwälte sind die offiziellen Fürsprecher der Bären, sie sind studierte Wildtierexperten. Ihre Aufgabe ist es von Berufs wegen, wenn erforderlich, zwischen Viehhütern, Bauern und Jägern zu vermitteln. Der per Gesetz geschützte Bär, ein Raubtier, das die meisten von uns nur mehr aus dem Märchen kennen und das im richtigen Leben von beachtlicher Stärke und Wendigkeit ist, fordert auch die Menschen im Dachsteingebiet. Während die einen den Gedanken an Bären im Gebiet anheimelnd romantisch finden und deren Ansiedelung als Handreichung des Menschen gegenüber der geschundenen Natur sehen, meinen die anderen, vor allem Bauern und Jäger, der Bär sei eine Gefahr für Mensch und Tier. Kaum ist ein Schaf oder eine Ziege tot, ruft man nach dem Bärenanwalt. Dieser geländeerprobte Mensch besucht die durch wen auch immer geschädigte Alm, schaut nach dem Kadaver und sucht im Umfeld davon nach entsprechender Losung (Kot). Anhand der Verletzungen vermag der Täter gesichert ausgemacht werden. In den seltensten Fällen ist der Bär tatsächlich der Täter. Im Dachsteingebiet verschwanden 2008 über 20 Schafe, man schrieb ihr Verschwinden einem Bären Namens Moritz zu. Das wäre nun allerdings etwas viel Fleisch gewesen, das das junge Bärenmännchen da vertilgt haben müsste.

Bereits Quellen aus dem Mittelalter berichten vom Verschwinden von ganzen Gruppen von Schafen und vermuteten schon, die ungebändigte Lust eines Bären nach Fleisch wäre die Ursache für derlei. Doch dem Vieh geht es da wie den Menschen, man verirrt sich nur allzu leicht in dem weitläufigen Gebiet des hochgebirgigen Dachsteins. Gerade dort tauchen längst totgeglaubte Schafe oftmals unerwartet wieder an Futterkrippen für Hochwild auf. Im Herbst des Jahres 2008 soll Moritz, der Bär, nicht nur wie im Sommer desselben Jahres Schafe gerissen haben, er wurde gar für den Tod eines Hirsches verantwortlich gemacht und brachte damit die gesamte Jägerschaft der Region gegen sich auf. Beim Tod eines Hirsches hört sich der Spaß auf. Gegen den Verlust des Schafes ist man versichert, aber keine Versicherung dieser Welt ersetzt einen ausgewachsenen Hirsch. Die Wallungen waren groß und die Bärenanwälte Wagner und Rauer hatten Mühe, Ruhe und Besonnenheit in die Lage zu bringen. „Moritz ist kein Schafkiller" war von Wagner, dem Bärenanwalt, über die Medien zu hören. Was den einen widersinnig und gegen die Zeit scheint, Bären neben all dem anderen Getier wie Wolf zu dulden, ist den anderen,

72

Eselstein ohne Esel

den Touristikern recht, liefert die Nachricht von einem Bären gewinnbringende Schlagzeilen und bringt einen auf du und du mit einem wilden Tier. Derlei mag zur Figur „Bruno der Braunbär" verleitet haben. Er bringt in der Dachsteinregion West den Kindern das Skifahren bei. So oder in der Rolle des gezähmten, an der Kette laufenden Bären im Volksbrauchtum der umliegenden Gegend, in seiner harmlosesten Form also, ist das Tier einmütig allen willkommen.

73

Bodo Hell, Walter Seitter, Elsbeth Wallnöfer, Peter M. Kubelka

Untersberg

Geschichten, Grenzgänge, Gangsteige

Ein dichtes Flechtwerk von Fantastereien, wirklichen Orten und unwirklichen Unorten überziehen das Kalkmassiv – nicht selten führen die Spuren in unwegsames Gelände oder zu rätselhaften Plätzen.
Anhand von Erzählungen, Bildzeugnissen und Handschriften versuchen der Schriftsteller Bodo Hell, der Philosoph Walter Seitter und die Volkskundlerin Elsbeth Wallnöfer, den bisweilen seltsam exotischen Geschehnissen auf die Spur zu kommen, der Philosophie des Berges gerecht zu werden.

160 Seiten, durchgehend farbig bebildert
21 x 24 cm, Hardcover
ISBN 978-3-7025-0669-8, € 28,–

Wurzelwerk | Die Wurzelgräber am Untersberg hatten reiche Auswahl, und bereits im 19. Jahrhundert merkte der eine oder andere Botaniker an, die Wurzelgräber hätten bereits gewisse Pflanzen ausgerottet. Zu diesen zählte das im Volksmund so bezeichnete „Johanneshäuptl", das auf den Wiesen der Glan wuchs. Das Johanneshäuptl ist als Gemeine Siegwurz bekannt oder *Gladiolus communis*. Die Menschen gaben den Pflanzen aus verschiedenen Gründen von den Botanikern losgelöst Namen. Jedenfalls gab es in der Gegend des Untersbergs Pflanzen wie das Schneekaterl (Frühlingsknotenblume, *Leucojum vernum*), die *Hundsbeere* (die gemeine Lonicere, *Lonicera xylosteum*), die Goldwurz (Feuerlilie, *Lilium bulbiferum*), den Goldenen Hühnerdarm (Roter Gauchheil, *Anagallis arvensis*), die Schneerose (Schwarze Nießwurz, *Helleborus niger*), Johanniskraut (durchlöchertes Hartheu, *Hypericum perforatum*), Kranabeth (gemeiner Wacholder, *Juniperus communis*), dieses kam vor allem am *Loiger- und Viehhauser Eichet* vor. Weiters gibt es das Frauenschuchlein (Gemeiner Schottenklee, *Lotus corniculatus*), das auch den Sichelförmigen Schneckenklee, *Medicago falcata* so nannte. „Elfen" nannten die Wurzelmenschen die Traubenkirsche, *Prunus padus*, die zahlreich an der Moosstraße an Hecken und Sträuchern wuchs. Mit Klaff meinte man den Zottigen Klappertopf oder *Rhinanthus alectorolophus*, Pollich und Felber nannten sie die Weiße Weide, *Salix alba*. Himmel-Sterndl wurde die zweiblättrige Meerzwiebel, *Scilla bifolia*, die in den Obstgärten vorkam, genannt. Zur Heidelbeere (*Vaccinium myrtillus*) sagten die Einheimischen „Niglbeere". Diese verzeichnete man vor allem am *Ende der Moosstraße und bei den Kugelmuhlen*. Sprach man von einem Ameisleiterl, dann meinte man die Zaunwicke, *Vicia sepium*.

liegen gekommen sind, als hätte sie jemand feinsäuberlich parallel gefällt und sie wären jetzt nur mehr zum Ausfliegen entsprechend zu bündeln (was da so alles an Bau- und Brennholz für immer verloren geht)

der extrem steile Grashang von den Hüttenresten der *Keanbergalm* rechts hinauf erweist sich auf dem ausgesetzten Trittband als ziemlich sicher und viel kräftesparender ersteigbar, als man es beim ersten Emporblick hätte vermuten können | abseits an der Borke einer Rotkiefer ist ein beschriftetes Holzkreuz angebracht, *in lieber Erinnerung an MARTINA MAGNUS *7. 11. 68, † 5. 2. 90, welche hier durch einen tragischen Unfall* (unleserlich) *auch die schönsten Stunden sind irgendwann Vergangenheit* (unleserlich) *unsterblich eingehüllt vom Hauch des Unendlichen* (was hat diese junge Frau Anfang Februar wohl hier heroben vorgehabt, allein oder in Begleitung, mit Schneeschuhen oder Skiern oder einfach gamaschenbewehrt stapfend) | bald wird eine durchsonnte **liebliche Wiesenschulter** und eine **scharfkantige Hochschneide** mit Tiefblick auf den Terrassenabbau der Zementfabrik Leube und mit bemerkenswertem Altbaumbestand erreicht (Mehlbeere, *Sorbus aria*, in Busch- und Baumform, aber auch einzeln stehende Schwarz- und RotkiefernIndividuen), so also sieht dieser jäh aufragende Wiesenbuckel, den man vom Tal her als irgendwie gangbar eingeschätzt hatte, jetzt heroben aus, und alle Pflanzen des nicht genützten Almsommers scheinen in dieser begünstigten Lage gleichzeitig erblüht, Quendel und Silberwurz (*Dryas octopetala*), Frauenspeik und Heckenkirsche (*Lonicera alpigena*), Schwalbenwurz (*Vincetoxicum hirundinaria*) und Sanikel/Zahnwurz (*Dentaria enneaphyllos*) sowieso

69

Peter Pfarl
Dr., geboren 1939 in St. Wolfgang, wo er seine Kindheit verbrachte und noch heute lebt, Gymnasium Borromäum in Salzburg, Studium der Rechtswissenschaften in Innsbruck, bis zur Pensionierung in Bad Ischl als Rechtsanwalt tätig. Bereits im Verlag Anton Pustet erschienen: *Mystisches Salzburg* (2011), *Unterirdisches Salzburg* (2013), *Chiemgau und Rupertiwinkel* (2016), *Die Traun* (2019).

Karin Mayerhoffer
Mag., Jahrgang 1956, geboren in Wien, Studium der Anglistik und Sportwissenschaften. Erst seit einigen Jahren intensive Beschäftigung mit der Fotografie. Offen für alle Genres, von der klassischen Landschaft über Architektur und Bildende Kunst bis zur experimentellen Fotografie.

Wolfgang Mayerhoffer
Dr., Jahrgang 1956, geboren in Salzburg, Facharzt für Chirurgie, lebt und arbeitet in Bad Ischl. Engagement in analoger Schwarz-Weiß-Fotografie, Dunkelkammerarbeit; Ausstellungen. 2006 Einstieg in die digitale Landschaftsfotografie, ab 2013 ausschließlich im Großformat. Eigenhändige Fertigstellung seiner Bilder, Ausarbeitung, Druck, Rahmung und Präsentation.